AF557676

Titelbild: Dieter Reemers

Zeichnungen: Sonja Scholler und Dieter Reemers

ISBN 978-3-940062-45-1

Autor: Dieter Reemers
Kontakt: autor@wortpfade.de

Titel: Wortpfade

Netteverlag
41334 Nettetal

Dieter Reemers
Viersen August 2020

Printed in Germany

**Manche Worte sind Pfade zur Erkenntnis,
Wortpfade eben.**

D. Reemers

Für Lucia

Wortpfade

Dieter Reemers

Mein Ruhrgebiet

Schlote schwitzen dumpfen Rauch,
die Luft ist schwarz verhangen,
und auf den Straßen fühlt man auch,
den Weg, den man so oft gegangen.

Die Menschen hier in der Region,
des schwarzen Goldes Sklaventier,
sie prägen selbst seit langem schon,
Seele und Geist in dem Revier.

Der alte Mann dort mit dem Kind
Er geht gebeugt von schweren Jahren.
So wie die Leute hier halt sind,
tausendmal schon eingefahren.

Die Tauben oben auf dem Dach,
die waren einst sein ganzer Stolz.
Er ist, sieht man sein Alter nach,
geschnitzt aus ganz besonderem Holz.

Die Frau am Fenster auf dem Kissen,
lehnt sich heraus an jedem Tage.
Sie lässt's die Nachbarn gerne wissen,
hat Antwort stets auf jede Frage.

Steinstaub hat ihr den Mann genommen,
und nur die Kinder sind geblieben.
Sie hat die Antwort nie bekommen:
„Warum ist er so früh verschieden?"

Der Straßenzug im Morgennebel,
die Häuser stehen grau und dicht,
aus Fenstern matte Lichterkegel,
Aufbruch herrscht, zur ersten Schicht.

Die Häuserfronten schwarz und grau,
die Menschen hier, besonderer Schlag,
doch eines weiß ich ganz genau,
mein Ruhrgebiet, dass ich dich mag.

Unbeugsam

Ein kleiner Baum hat dünne Äste,
und kurze Wurzeln hat er noch.
Ein starker Stab, das ist das Beste,
damit er aufrecht wächst und doch,
ein junger Baum, so abgestützt,
wie soll er sich denn frei entfalten,
und ob der Halt auch dann noch nützt,
wenn mal die Stürme, mit Gewalten,
an seinen Ästen, Stämmen nagen,
den Haltestab zu Boden drücken,
da kann man sicher doch mal fragen:
„Wäre es nicht besser sich zu bücken?"
Elastisch, drohenden Gefahren,
ganz einfach aus dem Wege gehen,
und so die Möglichkeit bewahren,
auch noch den nächsten Tag zu sehen.

Melodie der Stille

Stille drückt am Meeresstrand,
aus der Ferne dringt ein Schrei,
unterbricht das Einerlei,
Wind getragen über Sand.

Plätschernd rollt die Welle aus,
ahnt sie nicht ob ihrer Kraft,
was bei starkem Sturm sie schafft,
trägt sich selbst wieder hinaus.

Schwäne stolz die Köpfe heben,
ein Stakkato Flügelschlag,
fliegen wie der Wind sie trag,
ihre Laute sind das Leben.

Kleiner Stein, im Nass gelegen,
überspült von Wellenschlangen,
ist am Ufer dort gefangen,
nur starke Brandung kann ihn heben.

Zur wahren Ruhe kommt es nie,
ist es der Möwen Schrei am Strand,
ist es dein Schritt, der knirscht im Sand,
auch Stille hat eine Melodie.

Buch deines Lebens

Schicksalsschlag der dich ereilt,
Lebenshetze die dich treibt,
Unmut, der dich irritiert,
und die Tat, die dich schockiert.
Angst, die dich beim Schopfe fasst,
Häme, die du so sehr hasst,
Zweifel, der in dir aufkeimt,
nichts was sich zusammenreimt.
Hohn, der aus den Menschen lacht,
Freude, die man dir nicht macht,
Kränkung, die du hast erfahren,
die Erkenntnis, die nach Jahren,
deiner Seele Schmerz bereitet,
und deine Freiheit dir bestreitet.
Kämpfe weiter, nimm nichts einfach hin,
kämpfe weiter, frag nicht nach dem Sinn,
denn jede Erklärung wäre vergebens,
steht alles so im Buch deines Lebens.

Traumdeutung

Du deutest die Träume,
und liegst so verkehrt.
Du suchst dort das Schicksal,
das dir widerfährt.
Du denkst deine Träume,
könnten Zukunft dir weisen,
und sind doch nur Abbild,
von vergangenen Reisen.
All' jene Geschehen,
die am Tage passieren,
versuchst du im Schlaf,
im Traum, zu sortieren.
Du deutest die Träume,
und liegst so daneben,
es sind eben Träume,
und nicht das Leben.

Gnome der Nacht

Wache Momente,
Gnome der Nacht.
Fahler Lichtschein,
vom Vollmond entfacht,
wirre Träume,
eine Fratze, die lacht,
seltsame Wesen,
Gnome der Nacht.

Unruhiger Schlaf,
Gnome der Nacht.
Sehnsucht nach Ruhe,
sanft und sacht.
Gedanken kreisen,
um Kriege und Macht,
Schweiß gebadet,
Gnome der Nacht.

Du hast die Wahl

Die Auswahl ist oft riesengroß,
und Angebote ohne Zahl.
Was du dir aussuchst, liegt bei dir,
du kannst entscheiden, du hast die Wahl.

Zweifelsfrei das rechte treffen,
macht die Suche dir zur Qual.
Am Ende zählt kein Schwanken mehr,
du kannst entscheiden, du hast die Wahl.

Bei deiner Stimmung ebenso,
ob Sonnenschein, ob Jammertal,
nur du kannst darauf Einfluss nehmen,
du kannst entscheiden, du hast die Wahl.

Das Schicksal weist dir einen Weg,
fest vorgezeichnet, diese Mal,
und doch kannst du die Richtung ändern,
du kannst entscheiden, du hast die Wahl.

Falsch entschieden, falsch gewählt,
das ist im Leben ganz normal,
doch sollst du einfach resignieren?
Du kannst entscheiden, du hast die Wahl.

Jetzt mutig kämpfen,
oder alles egal?
Wie immer du entschieden,
du hattest die Wahl.

Lohnenswert

Lohnt es, darüber nachzudenken,
was doch eigentlich vorbei?
Lohnt es, aufmerksam zu sein,
bei jedem wütenden Geschrei?
Lohnt es denn, sich umzudrehen,
zu dem, was hinter dir geschah?
Lohnt es vor sich zu erkennen,
jedweden Abgrund und Gefahr?
Lohnt es sich, dem zu vergeben,
der dir Leid und Schmerz gebracht?
Lohnt es, sich dem Wort zu öffnen,
bei dem dein Herz vor Freude lacht?
Lohnt es sich, so ist die Frage,
nur eine Antwort kann es geben:
Lohnt es sich? Ja, ganz bestimmt,
lohnenswert, so ist das Leben.

Lichtstrahl

Gleißend Strahl der Morgensonne,
bricht durchs Geäst vom Kirschenbaum,
weckt dich aus dem ruhigen Schlaf,
beendet deinen schönen Traum.
Er spielt den Tanz der Windeslaunen,
zwischen Schatten, zwischen Licht,
zeichnet wirre Sonnenmale,
auf dein erwachendes Gesicht.
So beendest du die Nacht,
die dich in Dunkelheit getaucht.
Ein neuer Morgen ist erwacht,
mit Licht, das man zum Leben braucht.

Hände

Hände können dir erzählen,
wie viel Kraft in ihnen steckt.
Hände können furchtbar quälen,
wenn das Böse sie erweckt.
Hände können Bilder malen,
deren Schönheit dich begeistert,
Hände schreiben auch die Zahlen,
mit denen man den Alltag meistert.

Hände können dich liebkosen,
und in dir Gefühle wecken.
Hände können Beifall tosen,
und kleine Dinge gut verstecken.
Hände können dich fest halten,
dich beschützen vor dem Fall,
Hände können auch gestalten,
an jedem Orte, überall.

Hände können zu dir sprechen,
anschaulich, mit Offenheit,
Hände können sich auch fechten,
oder schlichten einen Streit.
Hände können tastend sehen,
selbst in tiefer Dunkelheit,
Hände helfen dir verstehen,
was man mit ihnen mal begreift.

Hände hilfreich ausgestreckt,
zeugt von hoher Akzeptanz,
Hände die man nur versteckt,
eher von Scham und Arroganz.
Hände können unterstützen,
verleihen Worten mehr Gewicht,
Hände deine Augen schützen,
vor dem grellen Sonnenlicht.

Hände können Häuser bauen,
legen dabei Stein auf Stein,
Hände geben dir Vertrauen,
legst du dein Schicksal in sie hinein.
Hände können heilen, pflegen,
tiefe Wunden gut versorgen,
Hände, welche Pflanzen hegen,
deren Triebe noch verborgen.

Hände können ganz genau,
hochpräzise Arbeit tun,
Hände, die oft rissig, rau,
die den ganzen Tag nie ruh´n.
Hände können Trost dir spenden,
deine Stimmung so erheitern,
Hände die Signale senden,
deinen Horizont erweitern.

Hände können Krüppel sein,
wenn durch Gicht sie sind erstarrt,
Hände, einst gepflegt und fein,
von der Krankheit nun vernarrt.
Hände können dich betören,
dich in andere Welten heben,
Hände, die dich niemals stören,
weil sie eins sind mit dem Leben.

Hände können fromm sich falten,
dem Gebet zur Huldigung.
Hände, so emporgehalten,
bitten um Entschuldigung.
Hände können Unheil bringen,
wenn sie drohend Waffen halten,
Hände die den Feind bezwingen,
somit auch den Krieg gestalten.

Hände können Segen spenden,
und das Böse wird entmachtet,
Hände so den Krieg beenden,
falls man sie denn auch beachtet.
Hände können traurig winken,
zeigen so die Abschiedsschmerzen,
Hände, die nach unten sinken,
von der Sorgenlast im Herzen.

Hände können Formen schaffen,
immer anders, jede neu,
Hände ordnend Dinge raffen,
trennen Weizen so von Spreu.
Hände können gierig greifen,
was in ihre Nähe rückt,
Hände Diamanten schleifen,
deren Feuer dich entzückt.

Hände können Weiden beugen,
kunstvoll flechtend sie verstricken,
Hände die Musik erzeugen,
und die Geist und Sinn erquicken.
Hände können wohl beschützen,
deinen Körper und dein Leben,
Hände, die dich unterstützen,
und dir jede Hilfe geben.

Hände können, was du denkst,
sie gehorchen deinem Willen,
Hände, die du selber lenkst,
deine Wünsche stets erfüllen.
Hände können menschlich sein,
in allem was sie tun und lassen,
Hände reichen, Brüder sein,
und sich an die Hände fassen.

Der Nimmersatt

Da steht er nun und überlegt,
dies eine möchte er nur haben,
dies eine und sonst weiter nichts,
daran, da möchte er sich laben.

Welche Probleme es auch macht,
und gleich wie schwierig es auch sei,
nur dieses eine wirklich zählt,
das andere ist ihm einerlei.

Endlich ist es dann geschafft,
das Ziel es wurde doch erreicht,
wo andere jetzt zufrieden wären,
ihn nunmehr ein Gefühl beschleicht.

Dies eine möchte' ich auch noch haben,
was er schon hat , wird schnell vergessen,
dies eine wäre gar zu schön,
er ist von seinem Wunsch besessen.

Und weil sein Flehen so inniglich,
so macht man ihm auch das noch möglich,
obwohl, bei manch' Gelegenheit,
wirkt dieses schon fast unerträglich.

Wer nun vermutet dass zufrieden,
und glücklich dieser Mensch nun ist,
der hat verkannt, dass gerade jener,
was er erhalten, schnell vergisst.

So quält ihn jetzt auch der Gedanke,
das da noch einen Wunsch er habe,
und obendrauf auf alle Sachen,
da möchte er noch eine Gabe.

Nun ist´s genug, so kann´s nicht gehen,
hier sollte er sich wohl bescheiden,
denn Unersättlichkeit und Gier,
die kann auf Dauer keiner leiden.

Alles was man ihm gegeben,
und alles was er hat bekommen,
das wurde ihm, ob seiner Art,
ganz einfach wieder abgenommen.

Da steht er nun, schaut traurig drein,
weil er am Ende gar nichts hat.
So unbescheiden, wie er war,
so steht er da, der Nimmersatt.

Es gibt Tage

Es gibt Tage, da erscheint es,
dass dir fast alles immer glückt.
Was auch immer du dir wünscht,
wird für dich zurechtgerückt.

Es gibt Tage, da öffnen sich,
für dich ganz viele, neue Pforten.
Türen, die du verschlossen glaubtest,
führten dich zu neuen Orten.

Schlachten, die du gabst verloren,
wandeln sich zu einem Siege.
Worte, die du nicht geglaubt,
waren ehrlich, keine Lüge.

Menschen, die so fern dir waren,
rücken plötzlich dir ganz nah.
Dinge, welche unauffindbar,
sind auf einmal wieder da.

Es gibt Tage, die dir zeigen,
du hast noch vieles zu erleben.
Jeden Tag etwas aufs Neue,
so wie am heutigen Tage eben.

Krankheiten

Ich geh herum und hör so zu,
was Menschen rundumher erzählen.
„Ich bin zu dick, hab dies und das",
halt Dinge, die die Leute quälen.
Sofort wird Hilfe jetzt erwartet,
man schiebt es nicht auf lange Bank,
denn immer wieder sagt man sich:
„Mein Gott, ich bin so schrecklich krank".

Mal sticht es hier, mal schmerzt es da,
der Doktor soll das alles richten:
„Der Arzt ist gut, und jener schlecht",
so weiß man schließlich zu berichten.
Jetzt wird was Neues ausprobiert,
und man erwartet voller Dank,
die nächste Supertherapie:
„Mein Gott, ich bin so schrecklich krank".

Und man erzählt von Lebensmitteln,
vom Essen, das nicht zu vertragen.
Genau wird alles dargestellt,
wie es so wirkt, in Darm und Magen.
Vom Unverständnis aller Menschen,
vom Zorn vom Streit und auch vom Zank,
der einem auf den Magen schlägt:
„Mein Gott, ich bin so schrecklich krank".

Erst recht ganz mies, Medikamente,
egal ob nun als Tropfen, Pillen,
sie alle taugen einfach nichts,
sie können keine Schmerzen stillen.
Ja, selbst die Mediziner rätseln,
warum der Wert im Blut nicht sank.
Es ist doch alles hoffnungslos:
„Mein Gott, ich bin so schrecklich krank".

„Mein Gott, ich bin so schrecklich krank",
das klingt so wie Philosophie.
Wenn man die Krankheit so bekämpft,
gesundet man am Ende nie.
Apathisch nur auf Hilfe hoffend,
wird jede Krankheit vorne liegen.
Doch will man diesen Kampf gewinnen,
muss man zuerst sich selbst besiegen.

Lebensneigung

Ja, lass dich treiben,
rutsche mit herunter,
abwärts auf der Lebensneigung.
Doch willst du irgendwann zurück,
und drehst dich um,
dann geht es aufwärts, wird zur Steigung.
Und dieser Weg,
macht dir dann Mühe,
und er bereitet manche Qual.
Endlich geschafft,
du bist am Ziel,
stellst fest: „Hier war ich doch schon mal“.

Gefangenes Herz

Gefangen Herz in Zeit und Raum,
gefangen in Unendlichkeit.

Gefangen Herz in Trug und Traum,
gefangen in der Sterblichkeit.

Gefangen Herz in Licht und Schatten,
gefangen in der dunklen Nacht.

Gefangen Herz auf goldnen Platten,
gefangen in der edlen Pracht.

Gefangen Herz in Käfigstangen,
gefangen trotz der offenen Tür.

Gefangen Herz in Furcht und Bangen,
gefangen wie ein wildes Tier.

Gefangen Herz der Welt entrückt,
gefangen in dem Einerlei.

Gefangen sei, was dich bedrückt,
gefangen Herz, dann bist du frei.

Vertrauen

So wie ein Fels, ein Fundament,
ein fester Grund, darauf zu bauen,
der jedes Beben übersteht,
so stark und kräftig ist Vertrauen.

Die Hand streckt sich entgegen,
die Worte ohne jeden Trug,
ein Blick so ehrlich geradeaus,
das ist Vertrauen ohne Lug.

Der Glaube in des anderen Wort,
niemals getäuscht durch Zweifel sei,
weil sonst zerstört, was doch verbindet,
und das Vertrauen wär' vorbei.

Den anderen Menschen respektieren,
zeigen so, dass man ihn liebt,
seine Gefühle nie verletzen,
weil so Vertrauen, Vertrauen gibt.

Weiße Haare

Ich sitz und hör, die Worte klingen,
wie ein Vermächtnis an mein Ohr.
Sie können die Erkenntnis bringen,
von Zeiten jetzt und auch davor.

Ich lausch dem Sinn, geb' mich gefangen,
in Schilderungen einer Zeit,
und Wegen, die ich nie gegangen,
die auch schon so unendlich weit.

Die Worte von Erfahrung zeugen,
von dem Erlebten, Schicksalsschlägen,
von Ängsten, Hoffnung und von Freuden,
die sich in diesem Menschen regen.

Zieh ich daraus das Resümee,
so hab ich wieder mal erfahren,
dass vieles besser ich versteh,
durch Weisheit unter weißen Haaren.

Was andere denken

Überheblich, arrogant,
anderen keine Blicke schenken,
egoistisch, eigenmächtig,
ist es das, was andere denken?

Berechnend und auch dominant,
Geschick zu seinen Gunsten lenken,
unaufrichtig, unverträglich,
ist es das, was andere denken?

Eifersüchtig, uneinsichtig,
skrupellos die Menschen kränken,
voller Hass und eingebildet,
ist es das, was andere denken?

Zornig, böse, ungenießbar,
nie das Haupt vor Ehrfurcht senken,
ekelhaft und voller Abscheu,
ist es das, was andere denken?

Kann sicher auch was Gutes sein,
an dem Menschen, an dem du hängst.
Was andere denken muss nicht stimmen,
wichtig ist, was du jetzt denkst.

Blick zurück

Man sieht so viel in all den Jahren,
und manch' Erkenntnis resultiert,
aus schon bewältigten Gefahren,
die man erst später registriert.

Ist wirklich alles so passiert,
oder hat der Zahn der Zeit,
das Erlebte aufpoliert,
weil alles schon so weit, so weit?

Trügt nicht ein Rückblick jeden Sinn,
weil nur das Gute noch besteht,
und dreht man nicht die Dinge hin,
dass man sie später noch versteht?

Das Negative, das gewesen,
darauf, da ist man nicht versessen.
Man kann´s in den Analen lesen,
doch besser ist, es zu vergessen.

Rausch der Großstadt

Und nimmer ebbt er ab der Strom,
es dröhnt und rauscht in deinen Ohren,
viel tausendfach, so trommeln Reifen,
ein Stakkato, in dem verloren,
gar hilflos du alleine stehst,
im Rausch von Hektik und von Hast.
Der Puls des Lebens dieser Stadt,
hält dich im Bann, hat dich erfasst.

Lass dich treiben, gib einfach nach,
ein Bollwerk sein, das lohnt sich nicht.
Das Leben hier ist so viel stärker,
und kräftezehrend der Verzicht.
Turbulente Großstadtmacht,
sie braust nicht nur an dir vorbei,
sie reißt dich mit in ihrem Wahn,
entreißt dich aus dem Einerlei.

Hast du dem Wahnsinn nicht getrotzt,
bist auf den Wogen mit geschwommen,
hast du, wenn du dich drauf besinnst,
so viel Erfahrung neu gewonnen.
Beim nächsten Mal, an selber Stelle,
da dröhnt es wieder in den Ohren,
bekannt, bewältigt und erlebt,
hat Großstadt ihren Schreck verloren.

Berlin am Morgen (2002)

Kräne recken ihre Hälse,
aus dem dichten Häusermeer,
das schmutzig Grau, am frühen Morgen,
und der Gestank von frischem Teer.

Der fahle rötlich Strahlenschein,
der frühen morgendlichen Sonne,
als schmale Streifen zwischen Bauten,
das erste Licht der Baukolonne.

Der erste Lärm der Baumaschinen,
so langsam ist die Stadt erwacht,
sie räkelt sich im frühen Morgen,
und streift sie ab, die letzte Nacht.

Nur ein Kartenspiel

Erinnerungen werden wach,
setz ich mich hin und denke nach,
denk an die Zeit aus Kindertagen,
zurück mich die Gedanken tragen,
und werfen Schatten an die Wand,
die Karten in des Vaters Hand.

Er hat so oft damit gezockt,
so manches Spiel dabei verbockt,
sah nur die Karten, niemals mich,
und macht schon wieder einen Stich,
mit denen, die ich nie verstand,
die Karten in des Vaters Hand.

Ich sehe es noch und denk zurück,
ich sehe seinen strengen Blick,
und doch, ganz tief in meinem Herz,
erkenne ich mit Sehnsuchtsschmerz,
die Vaterliebe, die verband,
die Karten in des Vaters Hand.

Ein Kleinod der Vergangenheit,
Erinnerungen einer Zeit,
die mir erst spät bewusst geworden,
und meine Seelenruhe morden.
Erkannte so das innige Band,
der Karten in des Vaters Hand.

Da liegen sie, sind oft benutzt,
ein wenig fleckig und beschmutzt.
Ich denk, ich sollte glücklich sein,
mich innerlich von Herzen freuen,
dass ich sie endlich wiederfand,
die Karten aus des Vaters Hand.

Eichsfeld

Endlos Tal im Sonnenschein,
dunkler Wald streckt sich entgegen,
weite Felder, Flur und Hain,
Bilder die mich tief bewegen.

War der Jugend Eindruck stark,
hier habe ich ihn neu verspürt,
was lange innerlich ich barg,
hat meine Seele tief gerührt.

Blauer Himmel, Wolken hell,
Sonnenstrahlen treiben Spiel,
die Schattengrenze wandert schnell,
ohne Anfang ohne Ziel.

Schau von der Anhöhe hinab,
ein Dorf von sanftem Licht geblendet,
doch gleich ein neues Bild ich hab,
kaum das ich mich hab umgewendet.

Leuchtend Felder, gelb und grün,
eingerahmt von grauen Streifen,
Wege die dazwischen zieh´n,
so erkannt, lässt dich begreifen:

Schätze dort in der Natur,
Landschaft die man muss erhalten,
ja solch ursprünglich' Kultur,
sollte man nicht umgestalten.

Der Laubwald dort mit hohen Bäumen,
ein Ruhepol im Felderflicken,
kühler Schatten lässt dich träumen,
nur sattes Grün kannst du erblicken.

Ein Fluss, er schlängelt durch das Tal,
als Kraftquell, Lebensfreude hebt,
trotz Arbeit, Mühsal, Schweiß und Qual,
Eichsfeld, so hab ich´s erlebt.

Mühlhäuser Schwanenteich

In kräuselnden Wellen, die Wolken spiegelnd,
von gleißenden Sonnenstrahlen zum Leben erweckt,
glitzerndes Lichtspiel die Augen blendet,
Ruhe ausströmende Gleichmäßigkeit.
So liegt er da, der Schwanenteich.
Von Bäumen umrahmt, Schatten spendend,
bietet er Erholung dir.
Lebensraum, die Ruhe wahrend.

Menschen, die den Schwänen gleich,
mit ihren Kindern in dieser Oase ihre Wege ziehen,
deren Gedanken hinausgehen auf die,
von seinen Wassern umspülte Insel in der Mitte,
dort verweilen, um dann,
mit den sich brechenden Lichtstrahlen eins zu werden.

Ich habe dich erfahren,
ich durfte Kraft aus dir schöpfen,
und durfte mich an dir erfreuen,
du Mühlhäuser Schwanenteich.

Alte Linde

Ein Baum von fast sechshundert Jahren,
ein Baum der so viel hat gesehen,
der hat bestimmt genau erfahren,
was rundherum um ihn geschehen.

Kriege hat er miterlebt,
Menschen hat er Schutz gewährt.
Standhaft er, selbst wenn sie bebt,
die Erde die ihn hat ernährt.

Liebende hat er gehört,
die Liebesschwüre dort mit spitzen,
ihn dabei fast gar zerstört,
Messern in die Rinde ritzen.

Vielleicht gab er vor vielen Jahren,
dem Wanderer geruhsam Rast,
und hat auf diese Art erfahren,
wie jener ein Gedicht verfasst.

Was immer auch dort ist geschehen,
er könnte viel erzählen mir,
doch kann er ja nicht wirklich sehen,
und ich bleib außerdem nicht hier.

Er hat geweckt die Phantasie,
die Wirklichkeit ich nie erfahre,
selbst wenn ich sterbe, welch Ironie,
steht er noch sicher hundert Jahre.

Ein Lächeln

Ein Lächeln zeigt mir oft den Weg,
ein Lächeln mich so oft begleitet,
ein Lächeln ist für mich Beleg,
dass man sich einfach nicht mehr streitet.

Ein Lächeln kann die Welt verändern,
nicht überall, doch hier bei dir,
und auch in fernen fremden Ländern,
ein Lächeln oft hilft weiter dir.

Ein Lächeln musst du nicht erlernen,
du kannst es schon von Kindheit an,
du brauchst auch nicht vom Lächeln schwärmen,
komm, lächle mich doch einfach an.

Am Abend

Der Abend streift mich mit kühlem Windhauch,
Kerzenlicht erhellt meinen Platz,
unwirkliche Schatten wirft das tanzende Licht,
vermischt mit dem langsam verlöschenden Tag.
Vorbereitung auf die Nacht.
Nur vereinzelt zirpt eine Grille,
schreit noch ein Vogel.
Ich schreibe,
versuche den Tag zu halten.
Unaufhaltsam, wie eine niederbrennende Kerze,
entschwindet er.
Zurück bleiben Gedanken, Erinnerungen,
nicht gesprochene Worte, Empfindungen.
Zurück bleibt das flackernde Kerzenlicht,
bis ein Windhauch es verlöscht.

Lichtblick 1

Ein Lichtblick ist,
wenn man bedenkt,
der Blick, den man
zum Lichte lenkt.

Ist man geblendet,
macht man im Nu,
ganz einfach schnell
die Augen zu.

Ein jeder sieht,
das dies fürwahr,
ein wirklich kurzer
Lichtblick war.

Weltblick

Hab ich der Welt meine Sorgen erzählt,
hat die Welt sich heute schon um mich gekümmert?
Kann die Welt nicht ein wenig von meiner Last tragen,
und kann die Welt nicht etwas freundlicher zu mir sein?
Habe ich die Welt meine Verzweiflung spüren lassen,
und hat die Welt mich getröstet?
Habe ich der Welt schon gesagt, wie wütend ich bin,
und hat die Welt mich beruhigt?
Hat die Welt erkannt, dass ich älter werde,
und hat die Welt sich deswegen langsamer gedreht?
Hat die Welt mich gefragt, wie es mir geht,
oder wäre es an mir zu fragen:
Welt, wie geht es dir?

Erste Landung TFS (Tenerife-Sur)

Ich glaubte, ich hätte mich vertan,
es warf mich einfach aus der Bahn,
das konnte doch nicht wirklich sein,
nur grober Dreck, nur toter Stein.
Was hatte ich da nur gebucht,
was hatte ich hier ausgesucht?

Wo war zum Henker ich gelandet,
in welchem Steinbruch ich gestrandet?
Die Urlaubsstimmung war dahin,
ich hatte eins nur noch im Sinn,
mir ständig leise vorzusagen:
„Versuch es einfach zu ertragen".

Am liebsten flöge ich wieder fort,
vom Teneriffa Aeroport.
Vom Flugzeug aus, ein langer Gang,
an den Gepäckbändern entlang;
Oh es war drückend schwül und heiß,
und überall da roch´s nach Schweiß.

Dann wieder nahm ein süßer Duft,
mir gleich zum Atmen jede Luft,
von dieser Frau im Sommerkleid,
bei der das kleine Kind so schreit.
Und hinter mir der alte Mann,
was presst er sich so an mich ran?

Ich werd mich mühen, werd mich plagen:
„Versuch es einfach zu ertragen".

Na endlich hab ich mein Gepäck,
jetzt nur hinaus, ab in den Dreck.
Mal sehen was alles wird noch kommen,
ich hab nur eins mir vorgenommen:
Das war das erst und letzte Mal,
dass ich erdulde solche Qual!

Ich bin dann zum Quartier gekommen,
und wurde freundlich aufgenommen,
Doch nichts war mir recht, alles verkehrt,
mit einem Wort, ich war empört.
Es schlug mir alles auf den Magen;
Versuchte es einfach zu ertragen.

Wie gut, dass manche Vorurteile,
verschwinden bald in Windeseile,
und dass nach einer ruhigen Nacht,
die Lebensfreude neu erwacht.
Was vorher Dreck und Steine, wild,
das passt auf einmal gut ins Bild.

Die karge Landschaft, wenig grün,
die Schleierwolken, die dort zieh'n
Die Felder, Mauern dort am Hang,
die weißen Häuser dort entlang,
und jede Pflanze trotzt der Glut.
Mein Gott, wie geht es mir doch gut.

Und solltet ihr mich heute fragen;
Gern will ich das erneut ertragen.

Kanarische Nacht

Schwarz und doch ein Teil der Schönheit
des kanarischen Himmels.
Greller Mond hinter den, vom kühlen Atlantikwind,
bewegten Palmenzweigen.
Lichtpunkte, so ganz anders als wir sie sehen,
die Sterne am Firmament.
Unbeschreiblich der Tag, der nun vorüber.
Ebenso unbeschreiblich die Nacht,
die dich erfrischt,
die mit ihrer Klarheit jeden Zweifel zerstreut,
die sich über dich senkt,
und dich in deinem Schlaf behütet.

Nachts am Strand von Medano

Bleicher Mond auf Silberwellen,
Spiegelbilder einer Nacht.
Sterne das Firmament erhellen,
und der Ozean rauscht sacht.

Plätschernd dümpelt jede Welle,
trägt sich selbst am Strand hinauf,
versickert dann in aller Schnelle,
und von vorn beginnt der Lauf.

Wie ein Spiegel, Wasserfläche,
nur vom Rhythmus unterbrochen,
Silberstreifen sind wie Bäche,
die aus der Tiefe hochgekrochen.

In der Nacht, da wirkt der Strand,
so ganz anders als am Tag,
doch wer einmal nachts dort stand,
der versteht, warum ich's mag.

Friedenspflanze

Terror, Kampf, die Massen toben,
Bomben detonieren laut,
falsche Götter, die sie loben,
wenn einer auf den andern haut.
Bruderhass bringt Menschenleid,
jahrelang ging man zusammen,
keine Wunden heilt die Zeit,
nur Hass und Wut, ja sie entflammen,
jeden Tag, mit neuer Macht.
Alles Bemühen scheint so nichtig,
weil's tags darauf schon wieder kracht.
Nur der Krieg erscheint noch wichtig.

Die Friedenspflanze wird zerknickt,
zu jeder Stunde Hieb auf Hieb,
und doch, wenn man genau hinblickt,
entsteht dort schon ein neuer Trieb.
Die Hoffnung lässt sie weiterleben,
und die Erkenntnis gibt ihr Kraft,
dass aufwärts sie wird weiter streben,
bis sie es irgendwann geschafft.

Die Macht der Worte

Worte können Waffen sein,
spitz und scharf verletzend,
erzeugen Schmerz, bedeuten Pein,
sich in die Seele ätzend.

Sie können allen Mut dir rauben,
sie ziehen tief dich mit hinab,
sie nehmen dir den letzten Glauben,
sie können eisig sein, wie's Grab.

Doch Worte können auch beglücken,
sie können richtig Freude machen,
dein Innerstes dann, vor Entzücken,
kann zu den Worten herzhaft lachen.

Sie können Ruhm und Frieden bringen,
und einfühlsamen Trost dir spenden,
den Aufschrei deiner Seele bezwingen,
und unsägliches Leid beenden.

Ein Feuer, das alles niederbrennt,
je, nachdem wie man´s entfacht,
oder wärmend Glut nur kennt,
genauso ist der Worte Macht.

Reden ist Silber

Hab ich dir heute weh getan,
war ungerecht ich gegen dich?
Rutscht irgendwas dir aus der Bahn,
oder verstehst du mich nur nicht?

Wenn dir ein Sprichwort sagen sollt,
was du zur Kindheit oft gehört:
„Reden ist Silber und Schweigen ist Gold“,
so glaub dem nicht, weil´s sonst zerstört,

das, was man aufgebaut im Leben,
in Freude, Liebe, Leid und Not.
Ich kann dir nur den Ratschlag geben:
„Reden ist Silber, doch Schweigen der Tod.

Mosaik

Bilderfetzen, Teile, Stücke,
gehen mir durch meinen Sinn.
Ziehen vorbei an meinem Auge,
zeigen nicht mal, wo ich bin.

Möchte sie halten, sie betrachten,
möchte mich nur orientieren,
weiter ziehen sie immer schneller,
wollen einfach nicht pausieren.

Kann den Inhalt nicht erkennen,
nicht einmal ein kleines Stück,
nur wirre Farben, bunte Flecken,
unbekanntes Mosaik.

Hektisch, bunt, ein wilder Film,
zum Atem holen komm' ich kaum,
und dann ist Ruhe, ...klare Sicht,
ich bin erwacht aus meinem Traum.

Fragen an dich

Kann ich dir meine Gefühle schildern,
oder hörst du mir nicht zu?
Kann ich dir meine Ängste mitteilen,
oder wirst du mich ignorieren?
Kann ich deinen Rat haben,
oder bleibst du stumm?
Wer, wenn nicht du,
kann meine Gefühle verstehen,
meine Ängste teilen,
und mir einen Rat geben?
Wer, wenn nicht du?
Wo bist du gerade jetzt?

Der Weg zu mir

Ich zeige dir den Weg zu mir.
Er ist nicht geradlinig, eben,
oder gar bequem und eindeutig.
Der Weg folgt allen Höhen
und Tiefen meines Ich.
Ja, manchmal entfernt er sich
wieder ein Stück von seinem Ziel.
Wenn du den Weg gehen willst,
brauchst du Geduld,
Verständnis und Nachsicht.
Das Wichtigste,
was dir jedoch abverlangt wird,
ist Vertrauen und Zuversicht,
selbst da wo Zweifel besser angebracht wären.
Wenn dir dies alles lohnenswert erscheint,
dann gehe diesen Weg.
An seinem Ende stehe ich.

Neuanfang

Was ist mir unserer Welt bloß los,
gerät sie einfach aus dem Lot?
Feindseligkeit und Hass regiert,
und das bis in den sicheren Tod.

Gewaltbereitschaft überall,
sogar bei unseren eigenen Kindern.
Hat man verlernt, was lieben heißt,
um dieses alles zu verhindern?

Nimmt man sich für des anderen Sorgen,
denn wirklich einmal richtig Zeit,
oder bestimmt die Lebenshektik,
nur noch die Gleichgültigkeit?

Man reißt die Menschen in den Tod,
für irgend einen wirren Sieg,
man feiert dies als Heldentaten,
und nennt es schlicht und einfach Krieg.

Was haben Menschen für dies Wort,
auf dieser Erde schon gelitten,
sie wollten keinem je was tun,
und doch, man hat sie reingeritten.

So wirkt der Friede nur absurd,
weil man ihn einfach ignoriert,
nicht eine Stunde noch vergeht,
dass irgendwo nicht was passiert.

Man zählt die Toten, die Verletzten,
ja, man verurteilt jede Tat,
man kommentiert direkt vor Ort,
und spricht nur von des Teufels Saat.

Der Junge, der die Lehrer mordet,
der Mann, der seine Frau erschießt,
der Attentäter der das Blutbad,
durch seinen Sprengsatz noch genießt.

Staatsmänner die mit ihren Worten
Bewaffnete auf Nachbarn hetzen,
und voller Ohnmacht sieht man zu,
denn es regiert nur das Entsetzen.

Man zeigt uns Bilder von den Toten,
und eine Mutter weint am Grab,
jeden Tag die gleichen Bilder,
so stumpft man allmählich ab.

Dem wollen wir entgegen wirken,
darum geht es eigentlich.
Wir beide fangen damit an,
wir beide, einfach du und ich.

Theaterstück

Der Vorhang öffnet sich und dann,
erkennen wir ein Bühnenbild,
Vergangenes wird in uns wach,
aus alten Zeiten, ruhig und wild.
Die Akteure auf der Bühne,
suchen in Gestik nur ihr Heil,
nur wenig wird dabei gesprochen,
dann ist vorbei der erste Teil.

Im zweiten Aufzug wird es hektisch,
ein scheinbar großes Durcheinander,
man sucht den Weg und auch das Ziel,
und findet erst nicht zueinander.
Doch endlich scheint der Bann gebrochen,
nach all dem ganzen Auf und Ab,
kehrt auf der Bühne Ruhe ein,
es zeichnet sich die Linie ab.

Die kurze Pause, kaum vergangen,
es folgt der Hauptakt nun, der dritte,
und immer mehr Akteure zeigen,
den Hauptdarsteller in der Mitte.
Wie er agiert, was er erlebt,
das spielt er in den Vordergrund,
die Worte, die er zu uns spricht,
und die er formt mit seinem Mund.

Wie gebannt schaut man ihm zu,
wie Hindernisse er umgeht.
Hier auf der Bühne ist er Meister,
auf diesen Brettern, wo er steht.
Er spielt das Stück nach seinen Regeln,
er drückt ihm seinen Stempel auf,
ja er benutzt jetzt das Theater,
für seinen eignen Lebenslauf.

Der vierte Akt, zugleich der letzte,
bei dem geht´s wieder ruhiger zu,
auch sind´s nicht mehr so viele Akteure,
als Stimmung dominiert die Ruh'.
Der letzte Satz, er ist gesprochen,
dann senkt der Vorhang sich herab,
und kurz bevor er ganz geschlossen,
tritt auch der Hauptdarsteller ab.

Das Publikum verharrt gebannt,
doch kein Applaus jetzt hier erschallt,
man denkt zurück an die vier Akte:
Kindlich, jung, erwachsen, alt.
Auch hebt der Vorhang sich nicht mehr,
weil jeder merkt, so ist das eben,
denn nicht zu Unrecht heißt das Stück,
ganz schlicht und einfach nur: Das Leben.

Roter Mohn

Leichter Windhauch, sanfte Wellen,
Wogen ständiger Wiederkehr,
Sonnenstrahlen es bescheinen,
unendlich weites rotes Meer.

Tiefes rot erfreut dein Auge,
die Gedanken stumpf und leer,
dringt es tief in dich hinein,
ständig wogend´ rotes Meer.

Keine Fische kann es nähren,
keine Schiffe kreuzen quer.
Ozean der Vergänglichkeit,
traumhaft schönes rotes Meer.

So kraftvoll und doch so verletzlich,
aufgereiht als Pflanzenheer.
Bald schon ist die Pracht vorüber,
roter Mohn, wie rotes Meer.

Tiefer Fall

Du sagst, es mache dir nichts aus,
doch so ganz anders ist dein Blick.
Er zeigt den flehentlichen Wunsch:
„Dreh doch das Rad der Zeit zurück".

Das was mit Eifer du getan,
das machtest du nicht nur für dich,
doch die, die du für ehrlich hieltest,
versetzten dir manch' üblen Stich.

Bist du wirklich jetzt gescheitert,
oder hast du nur erkannt,
dass man dich aus einem Kreis,
von Gleichgesinnten, hat verbannt?

Egal, was man dir angetan,
egal, wie tief dein Fall auch war,
dein Wille, er sei ungebrochen.
Darum mach jeden Tag dir klar:

Du bist, in freiheitlichem Denken,
und das lass all die anderen wissen,
einem Rechenschaft nur schuldig,
nur deinem eigenen Gewissen.

Ziellos

Kein gerader Weg, bewegungslos,
verharrend und dann das Gefühl,
du weißt nicht, wo es hingehen soll,
kennst keine Richtung, hast kein Ziel.
Nur Hindernisse um dich herum,
du drehst dich einfach auf der Stelle,
du ahnst nicht, wie es weitergeht,
wo ist der Weg zur Lebensquelle?
Ein Abgrund tut sich vor dir auf,
doch nirgendwo ist eine Brücke.
Wieder mal musst du zurück,
und suchst im Labyrinth die Lücke.

Ein Irrgarten ist es,
du gehst nur im Kreis.
Wie sieht bloß das Ziel aus,
ist es schwarz, ist es weiß?
Du bist auf dem Weg,
verlange nicht zu viel,
damit du erkennst:
Du selbst bist das Ziel.

Deine Ungewissheit

Du bist so verzweifelt, wo ist nur dein Ziel,
und du machst dir Sorgen,
hast Angst vor dem Morgen.
Jäh wird dir bewusst,
dir fehlt jede Lust,
jeder Schritt, den du machst, er wird dir zu viel.

Wo ist sie, die Hilfe, auf die du kannst hoffen?
Die Freunde, die drängen,
sie lassen dich hängen.
Das wahre Gefühl,
davon gibt es nicht viel,
am Ende bist nur du wirklich betroffen.

Jetzt siehst du die Menschen in anderem Licht.
Wie sie an sich nur sie denken,
wie dein Schicksal sie lenken,
und niemals vergessen,
die eigenen Interessen,
nur an den anderen denken sie nicht.

Die Ungewissheit raubt dir den Verstand.
Die Frage bei allen:
Wie tief sollst du fallen?
Niemand da auf der Welt,
der dich jetzt noch hält?
Doch hab keine Angst, ich reich dir die Hand.

Nachtgeräusche

Wundersam, was in der Nacht,
alles so Geräusche macht.
Tagsüber ist es einfach laut,
der Krach er ist uns schon vertraut,
und leise Töne gehen munter,
im Großkonzert des Lärmes unter.
Doch nachts, wenn alles ruhig und still,
kann man sie hören, wenn man will:
Das Reißen von des Holzes Fasern,
das in der kühlen Nacht entsteht,
und selbst das Reiben von dem Stoff,
wenn Wind durch die Gardine weht.
Der Tropfen Wasser der vom Kran,
plätschernd in das Becken fällt,
den Kessel, den man schon vor Stunden,
zum Abkühlen vom Herd gestellt.
Der Bodendielen sanftes Knarren,
die nun vom Druck des Tags entlastet,
bis morgen wieder jedermann,
über ihren Rücken hastet.
Das leise Ticken einer Uhr,
das ferne Summen von den Fliegen,
Melodien, nur zu erfahren,
wenn alle tief im Schlafe liegen.

Sorabäus

Sorabäus unerkannt,
gestern durch die Zeit entschwand.
Hinterließ ein Chaos,
in Zeit und Raum,
zerstörte die Ordnung,
entjungfert den Traum.
Groß und kräftig in rotem Gewand,
und doch hat niemand Sorabäus erkannt.

Der Tetzel

Der Tetzel geht um,
nimm dich in acht,
er dremelt bei Tag,
und deckert bei Nacht.
Er ist der letzte Obiist,
stark geprägt von Horn und Bach,
selber machen, seine List,
und jeder mach es gleichfalls nach.
Der Tetzel geht um,
drum sei auf der Hut,
er werkelt am Ego,
und das kann er gut.

Keine Zeit

Ich muss noch was tun,
bin noch nicht so weit,
und habe dafür,
jetzt keine Zeit.

Hab etwas Geduld,
ich mache es dann,
hab nur jetzt keine Zeit,
fange später dran an.

Kann leider nicht kommen,
ich hab keine Zeit,
verschiebt es auf später,
dann bin ich bereit.

Ich hab keine Zeit,
ist auch nicht so wichtig,
ich mach es nachher,
und dann mach ich´s richtig.

So vergehen die Tage,
doch nie bist du frei,
hast so manches versäumt,
was für immer vorbei.

Nachtgewitter

Hochgeschreckt in deinem Bett,
unmenschlich grausames Erwachen,
das Zimmer ist taghell erleuchtet,
und wieder dieses laute Krachen.
Dann wieder eine ganze Weile,
Dunkelheit erfüllt den Raum,
leise grollendes Vibrieren,
stärker erst, dann spürst du es kaum.

Fernes Licht am Horizont,
Wetterleuchten, Lichterspiele,
der Sturm peitscht heftig Regentropfen,
und du kämpfst gegen Angstgefühle.
Da, ein Blitz, du bist geblendet,
erschrocken weil, unmittelbar,
kreischend schriller Donnerschlag,
furchterregend, schrecklich nah.

An Schlaf ist vorerst nicht zu denken,
du zuckst zusammen, jeder Blitz
trifft deine inneren Gefühle,
so wie eines Dolches Spitz´.
Erst wenn es nur von Ferne leuchtet,
und der Donner rollt ganz sacht,
kehrt langsam wieder Ruhe ein,
nach dem Gewitter dieser Nacht.

Was du wohl denkst?

Offen der Blick, nicht versteckt,
auch wenn du damit angeeckt.
Deutlich die Miene bei Freude und Trauer,
um Nuancen zu erkennen, da schaut man genauer.
Erkennt somit gleich, ob du freudig erregt,
oder vom Schicksal anderer bewegt.
Man sieht jeden Funken Hoffnung, der keimt,
das Erstaunen, wenn du was zusammengereimt,
was andere Leute in Zweifel versetzt.
Man sieht, wenn du innerlich bist verletzt.
Verzweifelt dein Ausdruck, wenn du jemand kränkst,
nur eins weiß man nicht, was du gerade denkst.

Flug des Lebens

Wie ein Flug so ist das Leben.
Bevor es losgeht, musst du warten,
nach einer Weile kannst du starten,
dann hebst du ab und du steigst auf,
ab jetzt beginnt der Lebenslauf.

Steil ist der Flug in ferne Höhen.
Du wirst vom Tempo mitgerissen,
angepresst in deine Kissen,
durch Wolken dicht und luftig leicht,
bis das der höchste Punkt erreicht.

Immer weiter geht der Flug,
mal wirst du hin und her geschüttelt,
von Turbulenzen durchgerüttelt,
dann wieder gleitest du durchs Licht,
bis irgendwann dein Ziel in Sicht.

Es folgt zu allerletzt die Landung.
Aus alter Höhe nieder gehen,
das Ziel jetzt klar vor Augen sehen,
wenn es erreicht, gibt's keine Wende,
die Reise ist gewiss am Ende.

Wo ist die Kiste Glück vergraben?

Wo ist die Kiste Glück vergraben?
Mit bloßen Händen habe ich
schon oft nach ihr gesucht.
Eine Kiste habe ich nicht gefunden,
mal hier ein bisschen,
mal da ein bisschen Glück.
Die große Kiste war nicht zu finden.

Wo ist die Kiste Glück vergraben?
Wo soll ich noch suchen,
wo soll ich noch graben?
Was soll ich mit den vielen,
winzigen Teilen,
von dem bisschen Glück hier,
und dem bisschen Glück dort machen?

Wo ist die Kiste Glück vergraben?
Ist das noch wichtig?
Denn, packe ich alle,
die winzigen Teile Glück,
zusammen in eine Kiste,
dann brauche ich nicht weiter suchen,
jetzt habe ich meine Kiste Glück.

So wie du

Warum treffen meine Worte deine Gefühle?
Warum reißen sie alte Wunden auf,
oder sind Balsam für deine Seele?
Du kennst mich nicht,
und ich kenne nicht deine Geschichte.
Wir sind uns fremd,
und doch sind wir eins,
Menschen,
Menschen, die Leid erfahren,
Menschen, in glücklichen Momenten,
Menschen, die hoffen und flehen,
Menschen, die geben und schenken.
Ich schreibe, was ich fühle,
beschreibe, was ich denke,
und werde so ein Teil des Ganzen,
menschlich,
so wie du.

Nicht zu verstehen

Dort auf dem Friedhof war es heute,
an jenem Grab, die vielen Leute,
trug man ein kleines Kind zur Ruh'.
Der Tränen sind gar viel geflossen,
man hatte es ins Herz geschlossen,
nur manche gaben dies nicht zu.

Was könnte im Leben, von dem Knaben,
er alles noch gesehen haben?
Was alles hätte er erlebt?
Die Eltern stehen fassungslos,
in ihrem Schmerz, so riesengroß,
und selbst des Pfarrers Stimme bebt.

Das konnte nicht Gottes Wille sein,
ein Leben, so unschuldig rein,
es wurd´ brutal vernichtet.
Der junge Mörder, gerade zehn,
wollt´ ausprobieren und dann seh´n,
wie es im Fernsehen wurd' berichtet.

„Ja, wie brutal die Jugend ist,
und jener war bestimmt kein Christ“,
so hörte man die Leut´ erzählen.
Der Knabe im Sarg, dem nutzt das nicht mehr,
er gab sein junges Leben her,
braucht damit sich nicht mehr zu quälen.

Und mitleidsvoll, drei Schaufeln Erde,
damit das Kind zu Staube werde,
will man jetzt schnell nach Hause gehen.
Denn eigentlich, gar keine Frage,
passiert doch so was alle Tage,
jetzt will man Fernsehkrimi sehen.

Die Eltern stehen tief betroffen,
für sie da gibt es nichts zu hoffen,
was hier und heute ist geschehen.
Die Ignoranz hat triumphiert,
die Leute haben nichts kapiert,
man kann es wirklich kaum verstehen.

Halt geben

Gern hätte ich die Kunde vernommen,
dass es dir gut geht und nicht schlecht.
Erneut taucht da die Frage auf:
„Ist diese Welt denn noch gerecht?"
Macht diese Frage wirklich Sinn,
und gibt dir Kraft und Lebensmut?
Nein, sie wirkt eher zerstörerisch,
und tut dir sicherlich nicht gut.
Die Menschen, die jetzt an dich denken,
die in Gedanken bei dir sind,
sie sollen Wurzeln sein für dich,
zu trotzen jedem starken Wind.
Halt dir geben und Vertrauen,
und tiefen Glauben, auch an dich.
Viele Wurzeln sollen dir helfen,
und eine davon die bin ich.

Ein Freund

Ein Freund dir alles sagen kann,
selbst wenn die Offenheit verletzt.
Ein Freund, weil er dich nie belügt,
das gerade ist es, was du schätzt.

Ein Freund für dich stets hilfreich ist,
weil er dich einfach gut versteht,
und immer seinen Schritt so lenkt,
dass er dir nicht im Wege steht.

Ein Freund macht deine Launen mit,
und oft bestärkt er dein Gefühl,
zieht sanft dich von dem falschen Weg,
und zeigt dir auf ein neues Ziel.

Ein Freund stellt schützend sich davor,
wenn dich einmal die Kraft verlässt.
Beim ersten Straucheln stützt er dich,
und hält dich danach sicher fest.

Ein Freund wird niemals dich enttäuschen,
weil ihm dein Wohl am Herzen liegt,
und du, du kannst ihm blind vertrauen,
weil er dich sicher nie belügt.

Ein Freund ist was Besonderes,
und keine Sache nur zum Schein.
Ein echter Freund der braucht viel Kraft,
es ist nicht leicht, ein Freund zu sein.

Ein Stück des Weges

Ein Stück des Weges, den ich gehe,
nehme ich dich mit, gehst du mit mir.
Ein paar Gedanken, die ich denke,
die spreche ich aus, ich sag sie dir.
Die schönen Dinge, die ich sehe,
sollst du empfinden, so wie ich,
und Klänge, die ich gerne höre,
bezaubern sicherlich auch dich.

Der Duft, der meinen Sinn betört,
er soll auch dich ein Stück berauschen,
und Gaumenfreuden, deine, meine,
werde ich gerne mit dir tauschen.
Ist dann das Stück des Wegs zu Ende,
geht jeder wieder ganz für sich.
Jedoch kein Grund zur Traurigkeit,
man trifft sich wieder, sicherlich.

Gedankenflieger

Flieg kleiner Gedanke,
fliege hoch hinauf.
Treffe dich mit deinen Artgenossen,
aus aller Welt.
Trennt die guten von den schlechten,
und webt einen bunten Teppich,
in dem jeder gute Gedanke
zu einem ansprechenden Muster beiträgt.
Flieg, kleiner Gedanke,
fliege hoch hinauf,
wenn du ein guter Gedanke bist.

Blickwinkel

Manchmal reicht es schon, den Kopf
ein wenig anders nur zu drehen.
So kann man dann, die gleiche Sache,
auf einmal so ganz anders sehen.

Morgendunst

Sonnenschein im Morgendunst,
auf strahlend hellen Nebelbeinen,
nutzt du der frühen Stunde Gunst,
und willst dort durch die Bäume scheinen.

Der Tau der Gräser wird zum Nebel,
noch hält der Morgen ihn im Zaum,
und sein unsichtbarer Knebel,
erzeugt der Sonne Schleiersaum.

Warme, dumpfe Erdenluft,
steigt aus Wiesen und aus Feldern,
vermengt mit moderigem Duft,
von faulem Holz, dort aus den Wäldern.

Bald hat der Sonne helles Licht,
erneut dies Morgenspiel beendet,
doch ist auch dies von Dauer nicht,
wenn sich der Tag der Nacht zuwendet.

Sonne der Nacht

Raubst mir den Schlaf,
erneut erwacht,
suche die Ruhe,
Sonne der Nacht.

Bestimmst meinen Rhythmus,
verhalten und sacht,
find' keine Ruhe,
Sonne der Nacht.

Von der Mutter des Tages,
die dich gemacht,
so weit entfernt,
Sonne der Nacht.

Scheibe am Himmel,
mit all seiner Pracht,
fahler Vollmond,
Sonne der Nacht.

Weckst erneut mich auf,
hast wieder vollbracht,
unruhiger Schlaf,
Sonne der Nacht.

Sternklarer Himmel,
dein Licht entfacht,
meinen Vollmondtraum,
als Sonne der Nacht.

Strandpromenade

Viele Menschen Hand in Hand,
spazieren so entlang am Meer,
die Promenade dort am Strand,
als Straße fürs Touristenheer.

Die junge Mutter mit dem Kind,
es reißt sich los von ihrer Hand,
rennt schreiend, wie ein Wirbelwind,
mit seinem Eimerchen zum Sand.

Drei alte Männer, müder Schritt,
sie bleiben immer wieder stehen,
sie kommen einfach nicht mehr mit,
zu schwer fällt ihnen jetzt das Gehen.

Wie anders da die Jugendlichen,
mit Schwung und Tempo und Elan,
und nichts und niemand' ausgewichen,
so schaffen sie sich freie Bahn.

Arm in Arm ein Ehepaar,
von vielen Jahren schon ergraut,
so wandern sie hier Jahr für Jahr,
mit brauner und doch welker Haut.

Pudelnass hetzt durch die Menge,
ein Hund, wohl losgerissen von der Leine,
und er schlägt Haken im Gedränge,
in wildem Slalom um die Beine.

Ein junges Pärchen, auf der Bank,
bemerkt dies alles sicher nicht.
Sie schaut ihn glücklich an voll Dank,
er streichelt zärtlich ihr Gesicht.

Den Kopf verhüllt und warm gekleidet,
so trotzen sie der rauen Luft.
Zwei alte Damen, eine leidet,
die andere atmet tief den Duft.

Im Gegensatz dazu die Leute,
gekleidet nur in Badesachen,
die Promenaden, so wie heute,
zu einem großen Laufsteg machen.

Die Eitelkeit, sie schlägt hier Wogen,
und manch einer zeigt viel Haut,
der besser sich hätte angezogen,
und weniger sich zugetraut.

Ein buntes Treiben, hin und her,
daneben Menschen still versonnen,
sie alle lieben es, das Meer,
aus dem das Leben wohl begonnen.

So gibt´s für jeden viel zu schauen,
gäbe es sie nicht, es wäre schade,
man müsste sie dann halt noch bauen,
an jedem Strand, die Promenade.

Atem des Meeres

Tief saugst du ihn ein,
Atem der Insel,
Atem des Meeres,
eigener Geruch,
eigener Geschmack.
Er macht dich frei
und nimmt dich gefangen,
ihn, den du schon so lange vermisst,
nach dem du dich so sehr gesehnt.
Nun schmeckst du ihn,
fühlst ihn, wirst eins mit ihm.
Und du schöpfst Kraft,
baust dich an ihm auf.
Atem der Insel,
Atem des Meeres,
dein Lebenselixier.

Sonnenuntergang am Meer

Glutrot über Wolkenbergen,
dort am fernen Horizont,
sinkt sie herab, hinab ins Meer,
die, die sonst am Himmel wohnt.
Sendet ihre letzten Strahlen,
gleißend rot zum Erdplanet,
mehr als die Hälfte schon verschwunden,
bis auch der Rest noch untergeht.

Gut und Böse

Eine Antwort ist zu finden,
und es erfordert sehr viel Mut,
die alte Frage aufzuklären:
„Was ist böse, was ist gut?“

Wenn man glaubt, man hat gefunden,
was wirklich gut in dieser Zeit,
dann wird man morgen schon erkennen,
ganz anders ist die Wirklichkeit.
Die Vermutung die liegt nahe,
ein Dämon zeigt dir sein Gesicht,
um dir wieder mal zu zeigen,
gutes allein, das gibt es nicht.

Somit geht man auf die Suche,
wo man das Böse schließlich findet.
Man glaubt das Übel schon entdeckt,
das Schlangen gleich sich windet.
Doch wieder hat man sich getäuscht,
denn aus dem Dunkel strahlt ein Licht.
Nicht nur symbolisch leuchtet ein,
böses allein, das gibt es nicht.

Keine Antwort ist gefunden,
weil das, was immer auch passiert,
für jene gut, für andere böse,
abhängig, wie man es definiert.

Nach Hause

Minuten, die vergehen wie Stunden,
machen Einsamkeiten Platz.
Die, ich sag es unumwunden,
dich vermissen, du mein Schatz.

Stunden, die vergehen wie Tage,
die Gedanken kreisen nur,
wieder um die eine Frage:
„War es richtig, dass ich fuhr?"

Tage, die vergehen wie Wochen,
immer wieder in der Nacht,
kommt dies Gefühl zu mir gekrochen,
und ich bin davon aufgewacht.

Wochen, die sind nun vergangen,
und mein Innerstes sagt mir,
völlig frei und unbefangen,
dass es heimgeht, heim zu dir.

Kraft der Musik

Kraftvoll tönt die Symphonie,
erweckt in mir vertraute Bilder.
Trägt mich in Höhen, wie sonst nie,
immer höher, immer wilder.
Scheint die Grenzen zu durchbrechen,
die Melodie sie strotzt vor Kraft,
als wollt' sie sich für alles rächen,
was sie zuvor noch nie geschafft.
Bricht sich Bahn und fordert mich,
schmeichelt mir mit sanften Klängen,
dringt tief hinein, tief in mein ich,
befreit mich so von allen Zwängen.
Schreit danach wieder in mir auf,
zeigt eindrucksvoll, was mich so quält,
in unser aller Lebenslauf:
Das Unrecht in der ganzen Welt.

Burg Hanstein

Massiver Fels, trotziger Stein,
Mauerwerk von Menschenhand,
sollst Schutz deinen Bewohnern sein,
ein Bollwerk hier in ihrem Land.

Du botest Stirn einst den Gefahren,
und wehrtest viele Feinde ab,
doch bröckelte in all den Jahren
auch fester Stein, und fiel herab.

Der Feinde stete Angriffskraft
brach große Lücken in die Mauern.
Zerstört was einst der Mensch geschafft,
ohne Skrupel und Bedauern.

Erst später, in der heutigen Zeit,
erzeugt Verfall pures Entsetzen.
Deine Wunden, tief und breit,
möcht´ Stein für Stein man nun ersetzen.

Burg Hanstein, droben auf dem Fels,
wie haben in 600 Jahren,
Geschichten, die du uns erzählst,
ein Wandel deiner Gestalt erfahren.

Teufelskanzel

Sagenumwobener Stein.
Mal warst du Grenze,
zwischen Ost und West,
zwischen Zwang und Freiheit,
zwischen Wollen und Können.
Nur kurz, dieses Intermezzo,
kaum dass es Spuren
auf dir hinterlassen hat.
Nichts habe ich davon gespürt
als ich auf dir stand,
dass dich einst der Teufel
als Kanzel für seine Predigt
benutzt haben soll.
Sagenumwobener Stein.
Ich genieße den Ausblick,
von deiner Höhe,
die Weite der Landschaft,
die Schönheit des Flusstals
unter dir, die Hügel
und Täler in der Ferne.
Es reift ein Wunsch in mir,
dich noch einmal zu besuchen.

Im Ausland

Fremde Sprache
dringt an mein Ohr,
ganz unverständlich
kommt sie mir vor.
Fremde Sprache,
hör nur den Klang,
rhythmische Worte,
Melodie und Gesang.

Die Tauben die gurren,
die Hunde die bellen,
Hähne sie krähen,
im Dunkeln, im Hellen.
Die Pferde sie wiehern,
jetzt kenn´ ich mich aus,
die Tiere sie reden,
genau wie zu Haus'.

Eine offene Tür

Eine offene Tür, das Neue erwarten,
du brauchst dafür nur etwas Vertrauen.
Eine offene Tür, andere Wege erkennen,
der Zukunft gerade ins Auge schauen.
Eine offene Tür, erweiterter Raum,
was dich erwartet, schwer einzuschätzen.
Eine offene Tür, gefährlich verlockend,
Prioritäten musst du jetzt setzen.
Eine offene Tür, Neugierde erweckend,
die Frage nach dem was dahinter ist.
Eine offene Tür, ein ganz neuer Weg,
den du bisher noch nie gegangen bist.
Eine offene Tür, einen Spalt breit nur offen,
was du daraus machst, bestimmst nur du.
Resignation und Zweifel, oder doch Hoffen?
Machst du sie auf, oder machst du sie zu?

Ein hoher Preis?

Brauchst du meine Hilfe,
dann sprich mich an.
Brauchst du meine Nähe,
komm näher heran.
Brauchst du meinen Rat,
dann höre mir zu.
Bist du nervös,
gebe ich dir die Ruh´.
Brauchst du meinen Mut,
dann steh ich dir bei.
Brauchst du meine Stimme,
hör zu wie ich schrei´.
Brauchst du meine Kraft,
ich gebe sie dir.
Du brauchst es nur sagen,
und alles ist hier.
Brauchst du meine Liebe,
auch die kann ich geben,
nur nicht umsonst,
sie kostet dein Leben.

Was muss geschehen?

Was muss geschehen, bis man kapiert,
dass dadurch nicht geholfen wird,
wenn man die Fakten ignoriert?

Was muss geschehen, bis man sieht,
dass hinter eigenen Fassaden,
Unrecht und Gewalt geschieht?

Was muss geschehen, bis man erkennt,
dass man den Zeitpunkt hat verpasst,
dem man hinterher nun rennt?

Was muss geschehen, bis man registriert,
dass man nur zu feige,
einzugestehen, was passiert.

Was muss geschehen, bis man erwacht,
und sich eingestehen muss,
hab es gewusst, und doch nichts gemacht!

Nach der Veranstaltung

Die Bühne wird nun langsam leer,
und viele Gäste gehen nach Haus,
man trifft sich noch in kleinem Kreis,
und tauscht dabei Erfahrung aus.

Dies war ganz gut und jenes auch,
die Uhr zeigt jetzt bereits halb zwei,
und man bestellt ´ne Runde Bier,
der Abend ist noch nicht vorbei.

„Der Vortrag könnte kürzer sein,
und da, da hat man kaum gelacht“,
bestellt wird jetzt ´ne Runde Schnaps,
zehn nach zwei in dieser Nacht.

„Der Abend, der ist gut gelaufen,
das Publikum war einfach toll“,
ein paar sind kurz vor drei gegangen,
und zwei davon sternhagelvoll.

„War nicht, ach so, ja, ja“,
die Sätze werden kürzer hier,
und auch die Zunge wird jetzt müde,
schließlich ist es schon halb vier.

Bald tagt nur noch der harte Kern.
„Ein Absacker noch, ein letztes Bier“.
Bald wird es draußen wieder hell,
die Uhr, sie zeigt jetzt kurz vor vier.

Der Letzte macht die Türe zu,
die Uhr zeigt fünf und ihm wird klar,
das dies trotz reichlich schrägem Schritt,
ein wundervoller Abend war.

Wechseljahre

Was ist geschehen,
was stört deinen Frieden,
was ist es, das fehlt,
dass du unzufrieden.

Woher diese Zweifel,
die ewigen Fragen?
Was sollen sie klären,
was wollen sie sagen?

Egal welche Antwort,
zu meinem Entsetzen,
sie wird verdreht,
und wird dich verletzen.

Ich kenn nicht den Grund,
doch egal was ich sage,
ergibt sich daraus
erneut eine Frage.

Hab ich denn nicht dir
gewidmet mein Leben?
Trotz aller Fragen,
mehr kann ich nicht geben.

Klasse statt Masse

Ein Mensch der im Leben
mehr gibt als nimmt,
der Mensch sei gut.
Wenn das mal nur stimmt!
Entscheidend ist doch,
wenn einem Menschen man gibt,
ob man ihn hasst,
oder ob man ihn liebt.
Und sicher ist
auch nicht Einerlei,
gibt man berechnend,
oder gibt man frei.
Wurde zum Geben
man gar gedungen,
oder gibt man einfach
ungezwungen.
So erkennt man,
eins ist richtig,
nicht die Menge,
die ist wichtig.
Lieber wenig geben,
doch das mit Lust,
als protzig schenken,
nur mit Frust.

Sternenfänger

Schau in den Himmel,
den Himmel der Nacht,
wolkenlos, klar,
du wirst, wie gedacht,
zum Sternenfänger.

Helle Punkte, strahlend,
bilden die bekannte Form.
Du drehst diese Welt
aus jeglicher Norm,
als Sternenfänger.

Du fängst ihr Licht,
aus den fernen Räumen,
es strahlt aus dir,
in all deinen Träumen,
Sternenfänger.

Verdunkelt der Himmel,
kein Grund zum Bangen.
Noch nie ist´s gelungen,
sie alle zu fangen,
dem Sternenfänger.

Sonnenlicht blendet
die nächtliche Pracht,
und damit erlischt
auch deine Macht,
Sternenfänger.

Herbst

Zarter Windhauch in den Ästen,
Morgenwind, schon etwas kühl,
Sonnenlicht bricht durch die Zweige,
Herbstbeginn, sagt dein Gefühl.

Blätter fallen aus der Krone,
immer mehr, mit jedem Mal,
raschelnd dürres Laub am Boden,
und der Baum wird langsam kahl.

Er wirft ihn ab, den Schmuck des Sommers.
Kann sich so, jetzt noch bei Zeiten,
jeden Tag ein wenig mehr,
auf den Winter vorbereiten.

Auch ein Mensch verliert den Schmuck,
wenn des Lebens Winter naht,
und unaufhaltsam geht es weiter,
auf dem nicht mehr langen Pfad.

Die Jahreszeiten, wie beim Baum,
so endet auch der Herbst des Lebens,
auf einen neuen Frühling doch,
da wartest du als Mensch vergebens.

Natur brutal

Schau diesen Zweig,
er trägt eine Knospe,
aus dieser erwächst dann später die Blüte.

Die Witterung steuert,
so die Natur,
die mitten im Winter sich fälschlich bemühte.

Bei mildem Klima,
da hatten die Pflanzen,
sich ihre Zeit zum Wachstum erkoren.

Und waren danach,
bei plötzlichem Frost,
mit all ihren Knospen, brutal erfroren.

Sturmwarnung

Die Warnung erfolgte schon Tage vorher,
also war ein jeder darauf gefasst,
und hat seine Planung und sein Verhalten,
dem widrigen Wetter angepasst.

Soll er nur kommen,
so meinten die einen,
sie würden schon trotzen dem Orkan,
und waren die Ersten,
die bitter beklagten,
was dieser ihnen angetan.

Andere meinten,
es mache nichts aus,
sie könnten den Sturm gelassen ertragen.
Bei denen waren,
nach stürmischer Nacht,
zwei tote Menschen zu beklagen.

Die Warnung erfolgte,
es kam der Orkan,
dort wo er wütete,
gab es kein Halten,
und jedem Menschen stünde es gut,
die Ehrfurcht vor Naturgewalten.

Zauber des Frühlings

Kannst du den Zauber des Frühlings spüren?
Erwachen der Blüte, zartes Grün.
Wie sich Sonnenstrahlen zieren,
wenn sie um Wärme sich bemüh´n?

Wie aus dem kühlen Morgentau,
leichter Nebel sich erhebt,
und alles hüllt in lichtes Grau,
solange er darüber schwebt.

Wie der Vögel früher Sang,
dich aus deinen Träumen weckt,
wenn du noch durch der Morgenröte
wundersamen Glanz bedeckt.

Durch das weite offenen Fenster,
dringt der Frühlingsduft herein,
und wird für eine kurze Zeit,
dein täglicher Begleiter sein.

Frühlingserwachen

Frühlingslieder, Vogelsang,
die Abende schon länger hell.
Eiskristalle, gefrorenes Tor,
leichter Frost in den Morgenstunden.

Aufbruchstimmung aller Orten,
herausgeputzt in frischen Farben.
Jedes Jahr, in steter Folge,
Monat März, Frühlingserwachen.

Lobhudeleien

Es wird geehrt, es wird gelobt,
und man verteilt die Ehrenzeichen,
bei manchem meine Seele tobt,
ich möchte schreien zum Herz erweichen.

Politiker der einst bestochen,
dem wird, Laudatio gerecht,
auf einmal in den Arsch gekrochen,
war alles gut, und niemals schlecht.

Dem Menschen, der für den Tierschutz steht,
von dem nur Gutes wird erzählt,
ist der, dem jedes Haustier stirbt,
weil er zu Haus die Tiere quält.

Der Mann im kirchlichen Gewand,
bei dessen Ehrung du gesessen,
der hält auch weiter unerkannt,
im Hinterzimmer schwarze Messen.

Gelobt wird auch der Superstar,
der gegen Drogen Flagge hisst,
und niemals merkt, wie sonderbar,
dass er ein großer Dealer ist.

Ein Präsident, voll Gottvertrauen,
auf Knien für des Friedens Sieg,
er faltet zum Gebet die Klauen,
schickt seine Bürger in den Krieg.

Der Prediger mit frommen Blick,
in der Gemeinde einer Stadt,
denkt an die Kinder er zurück,
an denen er sich vergangen hat?

Der Mediziner der verehrt,
weil er die Klinik groß gemacht,
er operiert im Suff verkehrt,
hat so schon Menschen umgebracht.

Es wird geehrt, es wird gelobt,
und man verteilt die Ehrenzeichen,
und immer noch die Seele tobt,
weil anders könnte man mehr erreichen.

Wie viel mehr Wert ist ein Schlag,
auf die Schulter, nur ganz leicht,
dem Menschen, dem man Danke sag´,
wäre damit nicht genug erreicht?

Wer?

Wer lenkt unseren Schritt,
wer steuert den Blick?
Wer trifft die Entscheidung,
geht's vor, geht's zurück?

Wer gibt uns die Antwort,
auf all unsere Fragen,
wer trägt die Last,
die wir nicht mehr tragen?

Wer öffnet die Tür,
die verschlossen uns war,
wer macht im Trüben,
die Sicht wieder klar?

Wer schafft, das Gekrümmtes,
wieder gerade sich streckt?
Das ist der Glauben,
der in jedem steckt.

Der Spatz in der Hand

Du hast ihn hier,
den Spatz in der Hand.
Gut fühlt es sich an,
das Federgewand.

Ruhig und kräftig,
sein Vogelherz,
in schützender Hand,
kein Leid, kein Schmerz.

Du siehst auch die Taube,
dort auf dem Dache,
sie zu besitzen,
das wäre eine Sache.

Das wäre schon
eine Anstrengung wert,
die Taube zu haben,
wäre gar nicht nicht verkehrt.

Du hast ihn hier,
den Spatz in der Hand,
mit einem Mal,
sagt dir dein Verstand.

Lässt den Spatz du fliegen,
um mit deinen Händen,
dich nun der Taube
zu zuwenden,

und diese fliegt fort,
hast du nichts in der Hand,
hast alles verloren,
das hast du erkannt.

Schau ruhig auf die Taube,
doch hüte den Schatz,
und gib ihn nicht auf,
in der Hand, den Spatz.

Wichtige Frage

Eine Frage ist so wichtig:
„Mach ich wirklich alles richtig?“

Die Antwort darauf ist nicht leicht,
denn reicht dir das, was du erreicht?
Ist das Neue, was gesucht,
echter Wunsch, oder nur Flucht?

Flucht vor dem, was dich jetzt quält,
Angst vor dem, dass nichts mehr zählt,
was du leistest, was du bist,
und so tobt dein innerer Zwist.

Denke nicht immer gleich so weit,
versuche es mit Gelassenheit.
Und dann ist eine Frage richtig:
„Ist das alles denn so wichtig?“

Heucheleien

Freude wollten sie machen,
sie hatten es nur gut gemeint,
und sich doch so viel Mühe gegeben.

Und doch versuchen sie,
mit genau diesen Sprüchen,
dich zu manipulieren,
zu erpressen.

Ein schlechter Mensch,
der ihre Mühen nicht würdigt,
ihre ach so ehrenwerte Absicht nicht erkennt,
und sich sogar nicht einmal freut.

Undankbar,
ja undankbar,
und rücksichtslos,
ist so ein Mensch.

Wie hoch sie sich auch auf den Sockel stellen,
wie sehr sie auch ihre Gefühlswelt ins Gegenteil verdrehen,
fehlt ihnen doch das,
was Menschen liebens- und beachtenswert macht:

Aufrichtigkeit und Ehrlichkeit.

Zeitungsmeldungen

Ich las heut in der Zeitung,
ein Mensch ist tot.
Ein Leben beendet,
nach langer Not.

Ich las heut in der Zeitung,
es wurde geschossen,
es gab Verletzte,
viel Blut ist geflossen.

Ich las heut in der Zeitung,
man hat debattiert,
und nachher beschlossen,
was bald eingeführt.

Ich las heut in der Zeitung,
oder ist´s gestern gewesen?
Alles kommt mir so vor,
als hätte ich´s schon mal gelesen.

Menschen an deiner Seite

Menschen dort an deiner Seite,
ihre Sorgen drücken schwer,
suchen jemand der begleite,
sie auf ihren Weg hierher.

Haben irgendwo ihr Ziel verloren,
sind dort aus dem Tritt geraten,
haben gerade dich erkoren,
sie zu führen, zu beraten.

Sehen gerade in das Licht,
das in ihrer Dunkelheit,
für sie ist die Zuversicht,
nach der ihr ganzes Inneres schreit.

Wenn du kannst, geb von der Kraft,
die in jedem von uns steckt,
etwas ab, bis er es schafft,
und seine eigene wieder weckt.

Du bist der Mensch

Du bist der Mensch in meinen Träumen,
den ich mit meiner Hand berühre,
den ich bei Klängen der Musik,
mit sanfter Hand so gern verführe.

Du bist der Mensch, der mir den Weg,
auch der Unmöglichkeiten, zeigt.
Der standhaft seinen Standpunkt hat,
vor dem mein Ego sich verneigt.

Du bist der Mensch, der diese Macht,
ohne sein Wissen inne hat,
der anderen das Glück gewährt,
das Glück für den an seiner statt.

Du bist eigentlich der Mensch,
mir zugewandt, auch in Gedanken,
der Mensch, um den in meinen Träumen,
sich alle Phantasien ranken.

Zu früh

Sing mir ein Lied,
und wecke mich auf,
morgen,
bevor die Sonne erwacht.

Wecke auch
deine Sangesgenossen,
im Morgengrauen,
am Ende der Nacht.

Das Lied schwillt an,
es wird zum Choral,
viel tausend Stimmen,
lauter Chor.

Begrüß ich mit euch,
den neuen Tag,
und locke Zufriedenheit
in mir hervor.

Der Gesang wird leiser,
nur einzelne Sänger
versuchen sich weiter,
jetzt als Solist.

Ich dreh mich um,
schlafe wieder ein,
weil es zum Aufstehen,
viel zu früh für mich ist.

Tränenzeit

Ich sah eine Träne in deinem Auge,
du schautest mich an mit wässrigem Blick.
Ich reichte dir ein Taschentuch,
doch du schobst meine Hand zurück.

Du wolltest deinen Tränenstrom,
gerade vor mir nicht unterdrücken,
weil ich beides an dir kenne,
tiefe Trauer und Entzücken.

Lässt deinen Gefühlen freien Lauf,
schämst dich nicht der Tränenflut,
die spült den Kummer aus der Seele,
schafft Raum für neuen Lebensmut.

Ich sah viele Tränen in deinen Augen,
sie benässten deine Wangen,
und zeigten mir dein Innerstes,
mit allem Zweifel, allem Bangen.

Wenn alle Tränen einst getrocknet,
weil vorüber Schmerz und Leid,
setze dich ruhig auch dann zu mir,
ich habe immer für dich Zeit.

Überleben

Es friert der Mensch, und über Nacht,
erstrahlt die Welt in weißer Pracht.
Auf Dächern dick, wie aufgetragen,
türmt sich der Schnee in vielen Lagen.
Die Luft ist klar und um die Pflanzen,
große Flocken Reigen tanzen.
Verschmelzen hier und dort im Spiel,
verfolgen stetig nur ihr Ziel,
sich auf der Erde niederlassen,
um in der Menge zu verblassen.
Zusammen haben sie die Macht,
zu bilden diese weiße Pracht.

Die Bäume haben Mützen auf,
auf kahlen Ästen, obendrauf,
da türmt er sich, wie Sahnehauben,
der Schnee auf Holz, und lässt uns glauben,
er wäre luftig leicht wie Watte,
und niemals er die Absicht hatte,
zu brechen jäh des Baumes Holz.
Noch hält der Ast den Zweig voll Stolz.
Jedoch man spürt und hört die Last,
die bald den ganzen Baum erfasst,
und stöhnend, ächzend gibt er nach,
es bricht der Ast mit lautem Krach.

So zeigt der Winter sein Gesicht,
gar mancher sieht noch immer nicht,
steht hinter Schönheit, ganz brutal,
für Tier und Pflanze große Qual.
Auch hier behauptet sich das Leben,
und nur die Starken überleben.

Ein klarer Gedanke

Ein klarer Gedanke,
kein Hirngespinst,
keine von außen beeinflusste Gedankenlosigkeit.
Ein klarer Gedanke,
schwer zu finden,
alles stört.
Was, wenn es diesen klaren Gedanken gar nicht gibt,
er nicht existiert,
oder gibt es ihn nicht mehr,
weil er verbraucht,
schon tausendmal gedacht?
Als klarer Gedanke verschlissen,
abgenutzt, zerstört,
und in die Vergessenheit verbannt?
Ein klarer Gedanke,
wert ihn zu suchen, wert ihn zu finden.

Advent

Ist es Advent, wenn Bomben fallen,
an heiligen Stätten Schüsse knallen?
Ist es Advent, nur für die Christen,
wo Menschen der Welt den Frieden vermissten?
Ist es Advent, in Macht zu agieren,
statt für das Volk in Demut regieren?
Ist es Advent um mit Kriegsgebaren,
für uns den Frieden zu bewahren?
Ist es Advent wenn in ständigem Zwist,
keiner des anderen Bruder mehr ist?
Ist es Advent, wegen nichtiger Plagen,
allen und jedem sein Leid zu klagen?
Ist es Advent, wenn in heftigem Streit,
endet so manche Zweisamkeit?
Ist es Advent, nur weil man erkennt,
das irgendwo ein Lichtlein brennt?
Ist es Advent, wenn man den Menschen hasst,
nur weil uns seine Gesinnung nicht passt?
Ist es Advent, oder einfach die Zeit,
oder ist man zu anderem Denken bereit?
Dann ist Advent friedlich und gut,
ein neuer Advent, dazu braucht man nur Mut.

Kerzenlicht

Ein Duft von Tannen, ein Licht von Kerzen,
Gedanken an Frieden erfüllen die Herzen.

Eine Pause vom Jetzt, vom hektischen Treiben,
dass Zeiten zur Ruhe, zum Nachdenken bleiben.

Du ruhst in dir selbst und ärgerst dich nicht,
Besinnung auf Werte, durch der Kerzen Licht.

Kinderaugen

Kerzenschein soll Ruhe bringen,
Kinderaugen zeigen dir,
nichts muss man im Leben zwingen,
Besinnung wieder auf das wir.

Erinnerungen werden wach,
im Wunsche nach mehr Menschlichkeit.
So macht es Kinderaugen nach,
die strahlen vor Zufriedenheit.

Winterzeit

Winter schickt uns graue Wolken,
kurze Tage, lange Nacht,
hat die Wärme fortgetrieben,
regiert mit frostig kalter Macht.

Er hat der Bäume Grün gestohlen,
die Äste, Zweige, schutzlos kahl,
er bringt den Schnee von hohen Bergen,
tief herunter bis ins Tal.

Er lässt die Bäche und die Seen,
in denen Fische einst geschwommen,
zu purem blanken Eis erstarren,
hat ihren Lebensraum genommen.

Die Straßen werden spiegelglatt,
nach Blitzeis folgt meist große Not,
viel Blech sich auf dem Schrottplatz häuft,
und mancher Mensch findet den Tod.

Jedoch es gibt auch einige Freuden,
die jeder Winter mit sich bringt.
Die Zeit der Wärme in den Herzen,
wenn man Weihnachtslieder singt.

Die Kinder laut bei Schneeballschlachten,
und Schlittenfahren durch den Schnee,
mit Skier schnell den Hang hinab,
und Schlittschuh laufen auf dem See.

Bizarre Schönheit, Eiskristalle,
hält die Natur für uns bereit,
Eisblumen an den Fenstern,
auch das gehört zur Winterzeit.

Abschied vom Winter

Ich halt dich nicht,
ich lass dich gehen.
Ich hab von dir
genug gesehen.

Du hast gezeigt
was in dir steckt,
hast keine
Sympathie geweckt.

Die Zeit ist um,
du bist so alt,
du bist mir einfach
nur zu kalt.

Kein Gruß von mir,
und kein Adieu,
packe deine Sachen
und dann geh!

Kanarische Weihnacht

Wer kann bei 25 Grad,
denn eigentlich an Weihnacht denken?
Wer kann in Shorts und T-Shirt nur,
den Schritt zum Weihnachtseinkauf lenken?
Wer ist bereit bei Temperaturen,
die dir den Schweiß aus Poren treiben,
an Menschen, die man mag und liebt,
Weihnachtsgrüße aufzuschreiben?

Die Stimmung musst du mal erleben,
man kann sie kaum in Worte fassen,
das weihnachtlich geschmückte Straßen,
zu Sonne, Strand und Wellen passen.
Illuminierte Tannenbäume,
mit bunten Lichtern, farbige Pracht,
sie leuchten wie bei dir zu Haus,
christliche Symbole in kanarischer Nacht.

Die Nacht von El Desierto

Fahler Vollmond leuchtet hell,
wolkenlos, die Sterne blinken,
und der eine Stern ganz hell,
scheint es, er würd zur Erde sinken.

Dort bei dem Mann, in seiner Finca,
in einem Raume brennt noch Licht,
wenn er sich auch zur Ruhe legt,
zeigt Dunkelheit mir ihr Gesicht.

Lange Schatten werfen Mauern,
Häuser hellweiß, jedoch bei Nacht,
blass sind sie, fast zu bedauern,
was ihr Bild vergänglich macht.

Lampen durchbrechen Dunkelheit,
still und unbewegt an ihrem Ort,
und ein Gefühl der Einsamkeit,
nimmt den Betrachter mit hinfort.

Leises Brummen, Lichterstreifen,
wie Messer sie die Nacht durchtrennen;
Ein Wagen fährt auf schweren Reifen,
dessen Ziel wir nicht erkennen.

Ein Hund bellt kurz, dann ist es still,
nur sanft die Palmen rauschen dort,
weil es der Wind der Nacht so will,
jetzt senkt sich Frieden über den Ort.

Die Lichter von Medano

Ich sitze auf der Kaimauer,
dort, wo die Touristen sitzen,
die Einheimischen aufgereiht,
schwatzend, tuschelnd, liebkosend,
träumend, in sich versunken,
oder sinnend, so wie ich selbst.
Die Dunkelheit verbirgt die Gesichter,
Schemen nur, Schatten, die sich ab und zu bewegen.

Der Ozean lässt die kleinen Boote,
mit jeder Welle, auf und ab tanzen,
nur spärlich erleuchtet von den Lichtern am Hafen.
Helle, kalte Lichter,
die von den Neonröhren der Lokale stammen.
Warme, weiche Lichtpunkte,
von der Beleuchtung der Strandpromenade.
Fixpunkte im Spiel der Wellen,
Fixpunkte für deine Gedanken.
Das Dahinter verbergend und beschützend.
Komm, setz dich zu mir,
genieße die Ruhe, die von diesem Bild ausgeht,
lass deine Seele baumeln,
und verweile noch einen Augenblick mit mir.
Gleich, ja gleich werden wir aufstehen und dorthin gehen,
hinein ins Leben,
in die Hektik und Betriebsamkeit der kleinen Hafenstadt.
Hinter die Lichter von Medano.

Zeit der Besinnung

Zeit der Besinnung,
am Ende vom Jahr.
Zeit für Gefühle,
die machte mir klar,
dass gerade die Zeit,
egal wie man´s dreht,
so unwiderruflich,
im Fluge vergeht.
Zeit für Gedanken,
und die sagen mir:
Tief und zeitlos wie stets,
meine Sehnsucht nach dir.

Dein Anruf

Ich sitz am Telefon und warte,
ich warte schon die halbe Nacht.
Dein Anruf sollte mich erreichen,
deswegen habe ich gewacht.

Du wolltest mir doch Nachricht geben,
du hattest es mir fest versprochen,
so warte ich, noch immer hoffend,
dass du dein Wort nicht hast gebrochen.

Die Zeiger kriechen langsam weiter,
Minuten werden fast zu Stunden.
Ich kann es einfach nicht begreifen,
warum sind wir noch nicht verbunden?

Und wieder werd´ ich kontrollieren,
ob´s Telefon in Ordnung ist,
denn deine Stimme will ich hören,
die ich solange schon vermisst.

Die Uhr, sie ist erbarmungslos,
sechs Stunden, Augenlider schwer.
Das Warten es wird unerträglich,
wo nehm‘ die Energie ich her?

Ich schrecke auf, bin eingeschlafen,
hab deinen Anruf ich versäumt?
Nein, es waren nur Sekunden,
die ich vor Müdigkeit geträumt.

Neun Stunden hab ich nun gewacht,
der Morgen graut schon durch das Fenster,
Schleier tanzen vor den Augen,
fahle Schatten, wie Gespenster.

Kann nicht mehr sitzen, nicht mehr warten,
und ich steh auf, vor Schmerzen krumm.
Ich würde gern zum Hörer greifen,
jedoch das Telefon bleibt stumm!

Ein Freund ist gestorben

Ein Freund ist gestorben,
er hat uns verlassen,
unbegreiflich, nicht zu fassen.
Ein Freund ist gestorben,
und mit ihm ein Stück,
von deinem eigenen Lebensglück.
Ein Freund ist gestorben,
ist von uns gegangen,
du bleibst zurück, in Trauer und Bangen.
Ein Freund ist gestorben,
dem wir auf letzten Reisen,
demütig unsere Ehren erweisen.

Ein Weg

Ein Weg ins Nirwana, ein Weg ins Nichts,
ohne Umweg, stets geradeaus.
Es ist bequem diesen Weg zu gehen,
er fordert niemanden heraus.

Keine Steine zum Stolpern, keine Unebenheiten,
nichts was dem Wanderer Mühe macht,
stets liegt der Weg im hellen Lichte,
jeden Tag, und auch bei Nacht.

Den Weg zu gehen ist mühelos,
das stete Laufen wird niemand zu viel.
Eines jedoch das muss man bedenken,
es ist zwar ein Weg, doch er hat kein Ziel.

Telefonstimme

Ich hör deine Stimme am Telefon,
und als es läutete dachte ich schon,
dass du es wohl bist, am anderen Ende,
ich nahm den Hörer, es zittern die Hände,
das erste Wort und ich war froh,
dein so vertrautes: „Ja, Hallo!“.

Trennung

Hat die Trennung einen Schmerz,
gibt es einen Grund zur Trauer?
Solange man beschäftigt ist,
ergründet man dies nicht genauer.
Doch irgend wann da kommt die Frage,
ob du den anderen vermisst,
dann musst Farbe du bekennen,
und sagen, wie es wirklich ist.
Sicher schafft die lange Trennung,
auch Probleme und Verdruss,
doch eines ist beachtenswert,
das man dabei bedenken muss:
Egal wie lang die Trennung ist,
ist nicht auf Dauer, nicht für immer.
Ein Ende, das ist abzusehen.
Kein Wiedersehen, das wäre schlimmer.

Trennungsende

Lange Fahrt, das Ziel noch weit,
was mich erwartet weiß ich nicht,
bis dort vergeht noch soviel Zeit,
fahr mit der Hand mir durchs Gesicht.

Wisch aus den Augen mir den Schlaf,
und mache mir noch einmal klar,
ob die Entscheidung die ich traf,
denn wirklich auch so richtig war.

So kurz die Trennung von zu Haus
In Wirklichkeit auch ist und sei,
macht sie den die Erfahrung aus,
die Trennung von dem Einerlei?

Die Entscheidung, sie wird zeigen,
auch Zweifel nicht mehr hilfreich sind,
ob der Gefühle vielfach Reigen,
auch nachher alles richtig find.

Der erste Tag jetzt deutlich macht,
dass mir der Mensch in meiner Mitten,
schon nach der allerersten Nacht,
so endlos fehlt, ganz unbestritten.

Noch drei Nächte sind es hin,
dann ist der Aufenthalt vorbei.
Ich an Erkenntnis reicher bin,
die trennten mich vom Einerlei.

Lange Fahrt, das Ziel noch weit,
was mich erwartet weiß ich genau,
bis dort vergeht noch so viel Zeit,
doch mich erwartet meine Frau.

Tauberwiese

Hab' sie entdeckt, war gar nicht weit,
die Wiese aus der Kinderzeit.
Der Duft des Grases, voll im Saft,
die Blumen, die durch Sonnenkraft,
sich in den Farben voll entfalten.
Libellen die kurz innehalten,
den Grashalm zum Erzittern bringen,
mit ihren großen blauen Schwingen.

Und weiter kannst du noch entdecken,
drei Schmetterlinge, die sich necken,
mit ihrem lautlos' Flügelschlag,
begrüßen sie den neuen Tag.
Vom nahen Fluss da zwitschern leise,
die Vögel ihre Frühlingsweise.
Übertönen so, an diesen Stellen,
das sanfte Plätschern von den Wellen.

Ruhig fließt der Fluss dort an den Bäumen,
die überall sein Ufer säumen.
Vorbei an felsigem Gestein,
das bis ins Wasser ragt hinein.
Die größten Steine bieten Halt,
dem Erdreich dort am kleinen Wald.
Und in der Luft die Blütensamen,
die von der nahen Wiese kamen.

Sie treiben auf das Wasser nieder,
mitgerissen, tauchen wieder,
reiten auf der Wellen Kamm,
bis sie später, irgendwann,
irgendwo und ganz weit fort,
an einem unbekannten Ort,
zu neuem Pflanzenleben sprießen,
dessen Vielfalt wir genießen.

Und du entdeckst, gar nicht so weit,
die Wiese aus der Kinderzeit.

Thüringer Wald

Grüne Kuppel, aus dem Nebel,
taucht sie auf im Sonnenlicht,
immer größer, fast schon drohend,
mächtig, wuchtig an Gewicht.
Grün mit allen seinen Schatten,
hier und da ein Erdenfleck,
wie leichter Rauch die Schleier steigen,
erfüllen ihren letzten Zweck.
Sie spenden Nass und Lebenssaft,
dem grad' erwachten grünen Berg,
ein Riese, so gewaltig groß,
und du daneben nur ein Zwerg.
Nachdrücklich zeigt sein Antlitz mir,
mich fröstelt leicht als wäre es kalt,
die Macht und Schönheit der Natur,
wenn du erwachst, Thüringer Wald.

Taubertal

Tief verhangen, schönes Tal,
Vögel zwitschern in den Bäumen,
Tropfen winden sich in Qual,
und der Mensch beginnt zu träumen.

Vielgestaltig Tropfen formen,
kleine Bäche auf den Scheiben,
die Natur kennt keine Normen,
nichts wird ewiglich so bleiben.

Träume Mensch, träum von dem Morgen,
nach Regen folgt auch Sonnenschein,
der Fluss ertränkt die alten Sorgen,
und nichts wird ewiglich so sein.

Der Fluss, er glitzert sonnenhell,
Bäume am Ufer spiegeln sich,
ein Ast, er treibt vorbei ganz schnell,
und nichts bleibt so auf ewiglich.

Natur hat eigene Gesetze,
sie stets zu achten sei die Wahl,
damit dich niemand je verletze,
du wunderschönes Taubertal.

Bewölkt

Grau verhangen,
wolkenschwer,
nirgends blau,
im Himmelsmeer.

Tief gebeugt,
im Park die Bäume,
dunkel, wie des Nachts,
die Träume.

Häuser, wie geduckt
und bang,
fast verschmolzen,
mit dem Hang.

Triste Farben,
bitterkalt,
auf den Sommer hoffen,
bald.

Viele Wege,
menschenleer,
man vermisst
die Sonne sehr.

Hier im Park

Menschen hetzen,
manche schwätzen,
viele andern,
lustvoll wandern.
Große Gruppen
sich entpuppen,
als Touristen,
die nach Listen,
das besuchten,
was sie buchten.

Alte Frauen,
sie beschauen,
was an Wegen,
so gelegen.
Schritte lenken
sie zu Bänken,
wo sie sitzen,
und sie schwitzen.
Alte Männer,
echte Kenner,
Haar schon greise,
tun sie weise,
als Gestalter
für ihr Alter.
Kinder schwärmen,
und sie lärmen.
Ihre Mütter
finden´s bitter,
aufzupassen,
statt zu lassen,
was die Rangen
angefangen.

Dieses Treiben
zu beschreiben,
ist unsäglich,
fast unmöglich.
Selber schauen,
ohne Grauen,
und so eben
selbst erleben,
wie es Leute,
wieder heute,
denn so treiben,
wo sie bleiben,
was für Sachen,
sie so machen,
ob zu wandeln,
sie anbandeln,
einfach stark,
hier im Park.

Haferweizen

Von rotem Mohn umgeben,
ein Haferhalm im Weizenfeld,
erhebt er seine starken Ähren,
und reckt sie gegen's Himmelszelt.

Er fühlt sich hier total verkehrt,
auch wenn der Mohn ihn fast versteckt,
weil in der ganzen Weizensaat,
ein Haferkorn wohl hat gesteckt.

Nach der Ernte wird man die Stelle,
wo einst der Hafer stand, vergessen,
und am Geschmack wird´s niemand merken,
der Brot mit diesem Mehl gegessen.

Kiesweg im Park

Deine Füße zertreten den lockeren Kies,
du trittst einen Stein, der dort gerade lag,
und fühlst dich ganz elend, einfach nur mies,
du denkst zurück an den heutigen Tag.
Er zeigte dir Dinge, wie kein Tag je zuvor,
und forderte hohe Leistung von dir,
er öffnet Empfindungen Tür und Tor,
und nicht irgendwo, sondern jetzt gerade hier.
Auf dem Kiesweg im Park gehst du in die Nacht,
der schöne Tag, er ist nun verklungen,
und je länger du darüber nachgedacht,
umso mehr wird er von der Erinnerung verschlungen.

Stadtbummel

Ob Häuserschluchten, kleine Gassen,
ob großes Kaufhaus, kleiner Laden,
ob Leute, die in großen Massen,
mit Einkaufstaschen vollgeladen,
ob das Café im stillen Winkel,
oder die Bude dort am Eck,
ob alte Frau, ob feiner Pinkel,
ob sauberes Pflaster oder Dreck.
Nichts von allem möchte ich missen,
gehört doch alles zu dem Bild,
im ganzen und nicht durchgerissen,
hier ganz sanft und dort ganz wild.
Jede Stimmung hat ihr Fleckchen,
so wie gerade dein Empfinden,
laute Straße, stilles Eckchen,
kannst die Welt nicht neu erfinden.
Deine Sinne seien wach,
saugen alles in sich auf.
Denke später darüber nach,
über Eindrücke zuhauf.
Die Erkenntnis sei gesagt,
alles zusammen dir erklär‘,
ob neue Stadt, oder betagt,
jede hat den eigenen Flair.

Das kleine Haus am Eichenweg

Es sind wohl die Besonderheiten,
die dich, hast hinter dir das Tor geschlossen,
auf langem Weg hinab begleiten,
dann steht es da, hoch aufgeschossen.

Den Dachfirst hoch hinauf gestreckt,
die Form gleicht einer Pfeilesspitze,
mit schwarzen Schindeln eingedeckt,
und doch schon grau von Sommers Hitze.

Es drängt hinauf, reckt sich empor,
zeigt auf den Himmel über dir,
und selbst der große Baum davor,
sieht wie ein Busch aus, glaube mir.

Mächtig den Giebel aufgerichtet,
demonstriert Erbauers Stolz,
erzählt von Arbeit die verrichtet,
mit Stein und Mörtel, Sand und Holz.

Der vielen Stunden Arbeit Lohn,
und aller Mühen zum Beleg,
so steht es ein paar Jahre schon,
das kleine Haus am Eichenweg.

Der kleine Marktplatz

Kleiner Marktplatz dort im Ort,
Ruhepol der Straßen, Gassen,
Zauberwelt für alle Menschen,
wenn er belebt und nicht verlassen.
Mittelpunkt und Sammelplatz,
für die Menschen, die hier wohnen.
Attraktion und Ansichtspunkt,
für Besucher der Nationen.
Glockenspiel bekannter Weisen,
tönt zu jeder vollen Stunde,
mancher summt gar leise mit,
Melodie in aller Munde.

Dort vom Rathaus wehen Fahnen,
wie große Flügel sanft im Wind,
abgewetzter Stein der Treppe,
wo Menschen oft gegangen sind.
Tisch und Stühle vom Café,
laden ein zu einer Rast,
Sonnenschirme spenden Schatten,
Gemütlichkeit, ganz ohne Hast.
Kleiner Marktplatz dort im Ort,
wo viel passiert in all den Jahren,
von ihm da könnten, sicherlich,
wir so manches noch erfahren.

Dorf in den Bergen

Dorf am Berghang,
dort am Horizont,
wo sich Wolken und Wälder vereinen.
Noch bist du zu erkennen,
zeigst deine Formen,
doch immer verschwommener,
fast nicht mehr zu unterscheiden.
Tiefer der Horizont,
die Wolken verbergen dich.
Unkenntlich, Dorf in den Bergen.

Ein Beispiel

Ein Beispiel muss her, damit man erkennt,
sich somit nicht dauernd im Leben verrennt.
Ein Beispiel bringt Klarheit in eine Sache,
auf dass sie ein jeder beispielhaft mache.
Ein Beispiel erklärt komplizierte Funktionen,
ein wichtiger Grund, dass sich Beispiele lohnen.
Ein Beispiel ist nötig, das liegt auf der Hand,
damit man´s begreift, auch bei kleinem Verstand.
Ein gutes Beispiel hat enorme Macht,
man weiß gar nicht mehr, was man ohne es macht.
Ein Beispiel, was ein gutes Beispiel kann sein,
das wäre zum Beispiel: Na, jetzt fällt mir keins ein.

Ein schwarzes Tuch

Kam wie ein schwarzes Tuch bei Nacht,
und hat mich einfach zugedeckt.
Die Dunkelheit um mich herum,
hat mich dabei nicht mal erschreckt.
Das große Nichts, in das ich fiel,
und die unendlich schweren Glieder,
die Zentnerlasten auf den Augen,
es senken sich die Augenlider.
Noch ein paar Blitze in dem Kopf,
dann schwindet alles weit, ganz weit,
und Wärme und Zufriedenheit,
und tiefe Ruhe macht sich breit.
Kam wie ein schwarzes Tuch bei Nacht,
und hat mich nicht einmal bedroht.
Es zeigt der Schlaf sich, wie er ist,
jede Nacht ein kleiner Tod.

Helfer?

Du wirst mir helfen, wieder mal,
nach durchgestandener harter Qual,
du wirst mir helfen, denn deine Kraft,
hat jede Hürde stets geschafft.
Du wirst mir helfen, keiner sonst,
weil du in meinem Inneren wohnst.
Du wirst mir helfen, immer wieder,
du stärkst den Geist, belebst die Glieder.
Du wirst mir helfen, mich zu wehren,
wenn andere dich von mir begehren.
Du wirst mir helfen, jeden Tag,
weil ich dich brauche, ich dich mag.
Du wirst mir helfen, mich bekehren,
dich jeden Tag erneut verehren.
Du wirst mir helfen einzusehen,
ohne dich kann gar nichts gehen.
Du wirst mir helfen, zu meinem Wohl,
mein heißgeliebter Alkohol.

Horizont

Horizont, verschleierte Ferne,
geschlossene Gesellschaft.
Unzugängliches Territorium,
selbst bei Annäherung,
weiter ausweichend.

Nebulös, undeutbar,
dadurch bedeutungsvoll,
den Vordergrund aufsaugend,
alles verschlingend,
vor aller Augen.

Horizont, komplexe Gefühle,
Märchen erzählen, Träumer,
Treffpunkt der Elemente,
Quelle und Seele des Lichts,
alles in die Ferne rückend.

Kaminabend 1

Die kleine Flamme an dem Holz,
sie nähert sich den großen Scheiten,
sie reckt die Spitze, züngelt stolz,
als würd‘ ein Rhythmus sie begleiten.
Sie schwingt sich jetzt um kleine Äste,
verliert dabei, wie´s scheint, an Kraft.
Sie glaubt an ihre Hitze feste,
und hat es schließlich auch geschafft.

Die Äste brennen ihrerseits,
am Anfang erst mit kleinen Flammen,
verlieren dann den lieblich‘ Reiz,
schließen zu großen sich zusammen.
Schon heller lodert nun das Feuer,
umgarnt ganz heiß auch große Stämmchen.
Es flackert wild und ungeheuer,
was vorher noch ein kleines Flämmchen.

Bald lodern Flammen zuckend auf,
und knistern brechen sie sich Bahn,
erfassen Scheite obendrauf,
und gierig fressen sie die an.
Des Feuerspieles Flammentanz,
wirft zitternd Schatten in den Raum,
und es ergreift dich voll und ganz,
der faszinierend brennend Baum.

Schon bildet sich die rote Glut,
von den Flammen hinterlassen,
sie spendet Wärme, tut dir gut,
und du entspannst und wirst gelassen.
Du schaust wie dort die Funken fliegen,
siehst wie die Flammen lodernd zieh´n,
die Ruhe wird den Stress besiegen,
genieß den Abend am Kamin.

Picknick im Wald

Leise streichelt Wind die Äste,
Blätter fallen sanft hernieder.
Sonne glitzert in den Wipfeln,
spiegelt sich in Tropfen wieder,
die als Rest vom Morgentau,
an Gräsern und an Zweigen kleben,
und sicher bald verdunstet sind,
vergangen für ein neues Leben.

Die Vögel singen in den Bäumen,
manchmal schreit ein Kuckuck auf,
und irgendetwas huscht vorbei,
in angstvoll panikhaftem Lauf.
Eins mit Natur, so liegen wir,
auf unseren mitgebrachten Decken.
Was wir zum Essen mitgebracht,
das lassen wir uns richtig schmecken.

Morgenappell

Wohl an ihr müden Knochen,
ein neuer Tag beginnt.
Kommt endlich aus dem Bett gekrochen,
wenn manche auch noch müde sind.
Jetzt los ihr Knochen, ungelenk,
begrüßt den neuen Morgen.
Die Morgensonne, als Geschenk,
wird Energie und Kraft euch borgen.
Bewegt euch jetzt, auch wenn es zwickt,
ihr wisst, der Schmerz, er geht vorbei.
Erneut wird dieser Tag erblickt,
immer wieder, und doch stets neu.

Lindenallee

Und dein Blick wird sich verlieren,
wird das Ende nicht erspähen.
Das dunkle Grün verdeckt die Sicht,
du kannst den Himmel nicht mehr sehen.

Die geraden Stämme, hochgerichtet,
so stehen sie für uns Spalier,
gewachsener Tunnel der Natur,
fass meine Hand und geh mit mir.

Geh mit mir bis an das Ende,
dort wo schon heller wird das Licht,
durch die Allee von Lindenbäumen,
in der das Sonnenlicht sich bricht.

Helle Strahlen in dem Dunkel,
Abendsonne Richtung weist,
durch der Blätter tanzend Schatten,
der dort auf dem Wege kreist.

Allee von Menschenhand geschaffen,
in deiner ganzen Herrlichkeit,
siehst du aus wie eine Straße,
hinein in die Unendlichkeit.

Kaminabend 2

Prasselnde Scheite, offenes Feuer,
züngelnde Flammen, wärmende Glut.
Bezaubernde Klänge von zarter Musik,
ein Hauch von Zitronen, jetzt geht es mir gut.

Entspannte Gespräche, beruhigende Worte,
dann wieder Ruhe, Besinnlichkeit.
Ich lausche den Reimen bekannter Gedichte,
all meine Sorgen, sind weit, ganz weit.

Ein Glas Wasser, ein Glas mit Wein,
den Blick zum Kamin, genieß´ jeden Schluck.
Ich lehne mich zurück, lausche in mich hinein,
allmählich weicht der Seelendruck.

Leckende Flammen, an berstendem Holz,
tanzende Funken, flackerndes Licht,
Friede für Seele und für das Gemüt,
was so ein Abend am Kamin dir verspricht.

Rückgabe

Große Worte, große Taten,
Monumente aller Orten,
dekorierte Uniformen,
an der Spitze der Kohorten.

Riesenspenden, Benefiz,
Rampenlicht für die Mäzen,
die mit gezücktem Scheckbuch nur
durch die Welt der Reichen gehen.

Meisterschaften, Weltrekorde,
goldener Medaillenregen,
Anabolika und Drogen,
liegen mit auf ihren Wegen.

Sind deine Taten auch beachtlich,
sei stets bescheiden und du siehst,
dass dein Leben hier auf Erden,
nur auf Zeit geliehen ist.

Religionsfreiheit

Es ist ein Recht, teils ungeschrieben,
ein jeder sich die Freiheit nimmt,
zu huldigen nur seinem Gott,
seinen Glauben nur zu lieben.

Man akzeptiert, ohn‘ Arroganz,
was andere im Glauben tun,
und wie sie ihren Gott verehren,
man zeigt ganz einfach Toleranz.

Wer Andersgläubige verachtet,
nur weil er nicht genug versteht,
der hat das eine nicht begriffen,
dass er den Glauben nicht gepachtet.

Doch wurden im Glauben, Religion,
so manche Dinge schon gemacht,
die mit der Freiheit unvereinbar,
sie sind für jeden Glauben Hohn.

Freiheit zu glauben, Freiheit zu denken,
das heißt, nie jemand unterdrücken,
und seinen Ansichten von Gott,
ein großes Maß Verständnis schenken.

Der Glaube, der den Mensch nicht ehrt,
der tötet, mordet und vernichtet,
der Kriege und Zerstörung will,
der ist auf unserer Welt verkehrt.

Wer mit Waffen auf mich zielt,
um meinen Glauben zu bekämpfen,
hat jeglichen Respekt verloren,
und seine Freiheit auch verspielt.

Schatten der Verzweiflung

Schieben Schatten sich ins Leben,
die Schatten der Verzweiflung sind es,
und sie verhüllen und verdunkeln,
den Weg, den du nicht wiederfindest.

Sie rauben dir den Mut zu sein,
in frostig eisiger Grabesstille,
und dein gequältes Handeln ist,
als wäre es dein letzter Wille.

Wo ist das Licht, wo ist die Nähe,
was ist des grausam Spieles Ziel?
Nur Glauben kann noch Hoffnung geben,
doch davon braucht man viel, sehr viel.

So manches Mal, dein Hilferuf,
ging einfach unter, ungehört,
und wieder wurde von deinem Leben,
ein keines Stück, dabei zerstört.

Dann die Erkenntnis, unumstößlich,
dass du erneut Verlierer bist,
doch kämpfe weiter gegen Schatten,
auch wenn es schier vergebens ist.

Umdrehen

Du, der du vor mir gehst,
drehe dich um.
Zeig mir dein Gesicht,
sprich mich an.
Teile ein wenig Zeit mit mir.
Deine Zeit, kostbare Zeit.
Zeige mir deine Ansichten,
lass mich verstehen was du denkst.
Ein kleines Wegstück des Lebens,
gemeinsam mit dir.
Wertvoll für mich,
hilfreich in meinem Verstehen.
Du, der du vor mir gehst,
warum drehst du dich nicht um?

Rückblick 2001

Elf Jahre ist es nun schon her,
da wurden Weichen neu gestellt.
Es gründet sich ein Hoffnungsmeer,
in dieser, unserer neuen Welt.
Demokratie man will sie wagen,
die alten Köpfe sollen weichen,
in Wirklichkeit, so möcht‘ ich fragen,
sind es nicht immer noch die Gleichen?

Der Fortschritt war nicht aufzuhalten,
Geliebtes wurde abgeschafft,
fast nichts blieb von vertrautem Alten,
es wurde schlicht dahingerafft.
Nicht jedem Kopf hat das geschmeckt,
und so erkannte man die Zeichen,
und das, was in den Köpfen steckt,
..... es sind doch immer noch die Gleichen.

Die Freiheit fordert ihren Preis,
gar vieles wurde missverstanden,
so mancher Zug auf falschem Gleis,
wird nie er in der Zukunft landen.
Man schnitt so manche Zöpfe ab,
ob bei Armen oder Reichen,
doch wer bringt sie erneut auf Trab?
..... es sind doch immer noch die Gleichen.

Wie Wetterfahnen sich gedreht,
ein mancher um die eigne Achse,
gerade wie der Wind so weht,
auf dass sein Einfluss weiter wachse.
Dort im Verborgenen, ein Geschwür,
man könnte es mit Krebs vergleichen,
und für die Freiheit keine Zier!
..... es sind doch immer noch die Gleichen.

Seht sie nur an, sie sonnen sich,
in Einfluss und in ihrer Macht,
versetzen uns manch üblen Stich:
Demokratie? Sie wird verlacht.
So viele machen einfach mit,
auch sie, sie gehen über Leichen,
bekommen später selbst ‚nen Tritt,
..... es sind doch immer noch die Gleichen.

Wann hört denn das mal endlich auf?
Wie kann man sie ins Abseits kegeln?
Es zeigt uns der Geschichte Lauf,
das wird sich biologisch regeln.
Vor über fünfzig Jahren einst,
da gab es ähnlich miese Zeichen,
egal wen du jetzt heute meinst,
auch damals waren‘s stets die Gleichen.

Hat die Geschichte uns gelehrt,
das Übel nicht erneut verschlafen?
Was wäre daran so verkehrt,
sie einfach mit Verachtung strafen.
Es sind doch immer noch die Gleichen,
das weiß doch heut schon jedes Kind.
Nur sollten endlich wir begreifen,
dass es auch noch „dieselben“ sind.

Wie lang ist die Zeit

Die Dauer eines Augenblicks,
ein kurzer Blick vielleicht,
ein innig langer Händedruck,
wenn man sich stumm die Hände reicht.

Der Moment der Zärtlichkeit,
wenn sich Mann und Frau vereint,
die nie und nimmer endend Qual,
wenn man einen Tod beweint.

Unendlich lange das Gefühl,
trifft man den Menschen, den man liebt,
unendlich lange auch der Schmerz,
wenn dieser dir den Laufpass gibt.

So kurz, fast wie ein Wimpernschlag,
so lang, wie die Unendlichkeit,
du selbst entscheidest oft die Frage:
„wie lange ist sie denn, die Zeit?"

Zufälle

Ein Weg, der sich kreuzt,
ein Ereignis das prägt,
Blicke, die sich treffen,
und unvergessen bleiben.

Taten, die man erkennt,
und die geschätzt werden,
Handlungen, die man bereut,
weil unbedacht.

Worte, deren Sinn
man später erst versteht,
Klang der Stimme,
die Erinnerungen wachruft.

Ungewolltes, das geschehen,
Vorhersehbares, das nicht passiert.
Zufälle, Unwägbarkeiten,
Salz des Lebens.

Wunder

Wunder gehen manchmal Wege,
die sind wirklich sonderbar.
Man kann sie gar nicht recht erkennen,
doch plötzlich sind sie einfach da.
Sie tauchen unvermittelt auf,
eh' du begreifst, was da geschah.
Akzeptiere was passiert,
denn Wunder sind oft wunderbar.

Wie eine Glaskugel

Ein Glas mit kühlem klaren Wasser,
du schaust hindurch, du schaust hinein.
Soll wie beim Wahrsager die Kugel
ein Orakel für dich sein.

Das was du siehst, das sind meist Dinge
aus längst vergangenen alten Zeiten,
die dich, weil meist noch ungeklärt,
wie damals auch noch heut begleiten.

Auch wenn es nur ein Wasserglas,
so kannst du dich darin verlieren.
Für andere mag das so aussehen,
als würdest du ins Wasser stieren.

Spricht man dich an, dann scheint es so,
als würde man dich gerade erwecken
und man als Träumer dich bezeichnet,
was gäb es in Wasser zu entdecken.

So mach es ganz für dich allein,
in einer stillen Stunde.
Und wenn du die Erkenntnis hast,
dann führ das Wasser dir zu Munde.

Wartezeit

Endlos zieht der Tag dahin,
wie Honig tropfen die Sekunden.
Die Zeiger drüben an der Uhr,
die scheinen so wie festgebunden.
Die Welt steht still, für den Moment,
und steckt ganz einfach zeitlich fest,
weil die Erwartung auf das Später,
das Jetzt nicht aus den Fesseln lässt.
Zäh wie Pech zieht sich die Zeit,
bis zum ersehnten Zeitpunkt hin,
und jeder Blick auf eine Uhr,
ist deprimierend, ohne Sinn.
Geduld ist eine schwere Last,
erreicht nur durch Beharrlichkeit,
die jede Wartezeit verkürzt,
denn Ungeduld kostet nur Zeit.

Buch lesen

Ich habe heute in einem Buch gelesen,
es war ein besonderes Buch.
Ich musste die Seite zweimal lesen,
es ist ein besonderes Buch.
Nicht, dass es in einer fremden Sprache.
geschrieben wäre,
nur die Handlung war fremd, alt,
und doch auch wieder vertraut.

Ich habe heute in einem Buch gelesen.
Ein Nachschlagewerk,
Antwort auf meine Fragen?
Vielleicht, wenn ich die Worte zu deuten weiß,
den Sinn verstehe,
wenn ich die richtigen Fragen stelle.

Ich habe heute in einem Buch gelesen,
so alt,
so bedeutend............

Warum ich schreibe

So manches Mal stellt sich die Frage:
„Warum schreibst du ein Gedicht?"
Was ich darauf als Antwort sage?
Mein Gott, so einfach ist das nicht.
Mal sitz ich nur, ich merke auf,
und die Gefühle einfach schwanken,
dann schreibe ich das einfach auf;
Ich mach mir manchmal halt Gedanken.

Da ist ein Ding, das will nicht klappen,
egal wie man es dreht und wendet,
dann sollte man es einfach kappen,
bevor man es als Murks beendet.
Besser hier der Weitblick ist,
als Denken nur in Schranken.
So schreib ich´s auf als Optimist;
Ich mach mir manchmal halt Gedanken.

Die Situation sie ist verfahren,
und keiner gibt so richtig nach,
klar wird erst nach ein paar Jahren,
dass jeder ganz daneben lag.
Das muss nicht sein, drum schreib ich´s auf,
Bewege mich auf starken Planken,
und auf die Einsicht hoff ich drauf;
Ich mach mir manchmal halt Gedanken.

Da hab ich selber ein Problem,
oder was Schlimmes ist geschehen,
ich kann den Ausweg noch nicht sehen,
ich weiß nicht, wie soll´s weiter gehen.
Zurück gelehnt, und überlegt,
und neue Pläne ranken,
der Ärger wird hinweg gefegt;
Ich mach mir manchmal halt Gedanken.

Auch schöne Dinge, die passiert,
die treiben mich zum Schreiben.
Was schwarz auf weiß, so existiert,
Das wird auch lange bleiben.
So kann ich später in der Zeit,
mir für den Aufwand danken.
Es hilft in Freuden und im Leid;
Dass ich mir manchmal mach Gedanken.

Eine Schaufel Sand

Eine Schaufel Sand wird vermisst.
Feinkörniger Sand, rieselfähig.
Nicht sortenrein, vielfältig,
artenreich, gemischt.

Gestern war er noch am Strand,
Kinder spielten mit ihm,
bauten Burgen, bewarfen sich mit ihm,
und klopften ihn von ihren Händen.

Nun ist er nicht mehr da.
Aber keiner merkt es so recht.
Da ist ja noch so viel Sand.
Heute stand in der Zeitung:

Über 400 Menschen werden
nach einem Erdbeben vermisst.
Einheimische, Urlauber, Männer,
Frauen und Kinder.

Wetterzyklus

Strahlende Sonne,
brütende Hitze,
kein Windhauch sich regt,
an dem Ort, wo ich sitze.

Strahlende Sonne,
perlender Schweiß,
nirgendwo Schatten,
einfach nur heiß.

Strahlende Sonne,
und das Gefühl,
es wird immer schlimmer,
es ist drückend schwül.

Strahlende Sonne,
brennt ohne Gnade,
fast blauer Himmel,
fünf Wolken gerade.

Dunkle Wolken,
die den Himmel eintrüben,
die sich mit Macht,
vor die Sonne schieben.

Dunkle Wolken,
ein heftiger Wind,
dann Regentropfen,
groß wie Erbsen sie sind.

Dunkle Wolken,
und man fühlt,
es hat sich schon merklich
abgekühlt.

Dunkle Wolken,
der Himmel wird klar.
Die Sonne sie trocknet,
was nass vorher war.

Strahlende Sonne,
Dunst steigt auf.
Des Wetters stetiger
Lebenslauf.

Strahlende Sonne,
brütende Hitze,
wieder kein Windhauch,
an dem Ort und ich schwitze.

Karnevalistische Kopfbedeckungen

Rote, weiße, blaue, grüne,
braune, schwarze und auch gelbe,
manche gleich in ihrer Form,
keine jedoch ist dieselbe.
Mit Brokat oder mit Tressen,
als Verzierung Stickerei,
manche auch mit einer Feder,
oder Glöckchen sind dabei.
Einige die sind ganz schlicht,
bestechen mehr durch ihre Form,
andere sind riesengroß,
und ausgestattet ganz enorm.
Doch wie auch immer sie
auf ihres Trägers Kopfe sitzen,
sie bleiben, was sie nun mal sind,
schlicht und einfach „jecke Mützen".

Kleine Bälle

Nach neunundvierzig kleinen Bällen,
gar manches Auge süchtig schielt,
Millionen locken jede Woche,
wenn man mit beim Lotto spielt.
Man muss nicht Haus und Hof verspielen,
um in das Schicksal einzugreifen,
braucht einfach nur ein Quäntchen Glück,
und das braucht lange um zu reifen.

Wer gar nicht spielt, der meint vielleicht,
er sei jetzt sicherlich ein Held,
denn weil er keinen Einsatz hat,
gewinnt er jede Woche Geld.
Fürwahr ein Tor, der solches spricht,
solche Gedanken, wie von Sinnen.
Denn eins ist wahr: „Wer gar nichts wagt,
der kann im Leben nichts gewinnen.“

Adler

Herrscher der Lüfte,
so wird er genannt,
ist hier auf der Erde,
im Käfig gebannt.

Seine scharfen Augen,
sein stechender Blick,
sind stumpf und leer,
es gibt kein Zurück.

Kein Flug über Berge,
über Wiesen und Forst,
und keine Rückkehr,
in des Adlers Horst.

Der rote Fleck

Hast oben du den Fleck entdeckt?
Er stammt noch von dem roten Sekt.
Als ich sie öffnete die Flasch',
wohl etwas cool, wohl etwas lasch,
in hohem Bogen raus gesprudelt,
hat Sekt die Decke so besudelt,
und ich enttäuscht und auch frustriert,
weil so was mir noch nie passiert.
Das schlimmste dabei war, na klar,
das dies an meinem Geburtstag war.

Zeitmaschine

Eine Reise in die Vergangenheit,
sage nicht das ist unmöglich,
die Zeitmaschine hast du schon,
und nutzt sie auch tag- täglich.
Was schaust du mich so fragend an?
Ich soll es dir beweisen.
Gut, dann mache dich jetzt auf,
mit mir in der Zeit zu reisen.
Schließ´ die Augen, lehn´ dich zurück,
denke einfach nichts und sei bereit.
Ich spiele nun für dich und mich,
Musik aus unserer Jugendzeit.
Schon sind sie da, all diese Gefühle,
und das Erlebte in Gedanken.
Die Zeitmaschine bist du selbst.
Für die Erkenntnis: „Nichts zu danken".

Sonne und Atlantikwind

Frisch entfacht, Atlantikwind,
streichelt sanft mir meine Stirn,
kühl, trotz prallem Sonnenschein,
mir ganz zärtlich mein Gehirn.
Der Sonne Kraft, der Winde Macht,
setzen neues Denken frei.
Steter Zweifel, dumpfes Brüten,
sind damit erst einmal vorbei.
Nicht zu bewahren die Momente,
so schön, wie sie auch immer sind,
nur die Erinnerung bleibt bestehen,
an Sonne und Atlantikwind.

Traumsuche

Wer seinen Traum noch nicht gefunden,
der suche weiter, jeden Tag.
Träume findet man nicht nur nachts,
täglich können sie begegnen,
stündlich können sie geschehen.
Nur das Erschrecken vor dem Erwachen,
zeigt wie tief und innig dieser Traum.
Angst vor Träumen ist schlimm,
schlimmer jedoch die Angst vor der Realität.
Sie bestimmt Träume in die man sich flüchtet,
in denen man einsam ist, gefangen.
Aus denen kein Weg heraus führt.
Meide diese Visionen und suche weiter deinen Traum,
jeden Tag, solange bis du ihn gefunden.

Gedankenflug

Wo eilen die Gedanken hin,
wer kennt die Wege, wenn sie fliehen?
Was lenkt die Bahn des Überlegens,
welche Richtung, die sie ziehen?
Wie weit sie schweifen,
weit genug?
Wie stark ist er,
Gedankenflug?

Ich glaube

Ich glaub, ich kann nur resignieren,
zu müde, dass den Kampf ich fecht´,
den ich bestimmt nur kann verlieren,
ist weder recht noch ungerecht.

Ich glaub die Kraft, sie ist am Ende,
jegliche Anstrengung fällt so schwer.
Die Zuversicht erfährt die Wende,
ich bin unendlich müd´ und leer.

Ich glaub, ich habe schlicht versagt,
und hab die Worte nicht getroffen,
hab irgendwas daher gesagt,
die Tür fiel zu, die vorher offen.

Ich glaub, ich habe jetzt begriffen,
dass, wenn man unter Druck mich setzt,
ich hätt´ bewusst dich angegriffen,
mich dieses doch zutiefst verletzt.

Ich glaube, keiner kann ermessen,
wie dünn die Haut geworden ist,
wie schwer es fällt, nur zu vergessen,
was du mit anderen Augen siehst.

Ich glaub, ich machte mir was vor,
ich wollte meinen Schutz dir geben,
nun steh ich hier, ein Narr, ein Thor,
gezeichnet für sein ganzes Leben.

Exotischer Fund

Welch ein Fund in unserem Garten!
Wer könnte so was schon erwarten?
Zwei Eier, Herkunft unbekannt,
man unter einem Busche fand.
Gesprenkelt, Punktverlauf chaotisch,
und auch die Farbe, eher exotisch.
Hier muss ein Vogelkenner ran,
der dazu etwas sagen kann.
Bald war ein Experte auch gefunden,
doch der gab zu, ganz unumwunden,
es hätte bisher in seinem Leben,
kein Ei wie eins von denen gegeben.
Damit den Eiern nichts passiert,
er sie vorsichtig seziert.
Die Erkenntnis kam sehr schnell,
und seine Mine wurde hell,
die Untersuchung zeigte klar,
Ostereier, vom vorigen Jahr.

Für die Sache gestorben

Du lebst für die Sache,
du gibst alles hin,
und siehst in all´ dem
den tieferen Sinn.
Du gibst wirklich alles?
Du gibst selbst dein Leben?
Dein höchstes Gut,
warum sollst du´s geben?

Im Tod, da kannst du
der Sache nicht nutzen,
dein Ansehen höchstens,
durch den Tod noch beschmutzen.
Nur wenig an Trauer
wird ehrlich sein,
die Meiste sie dient nur
zur Wahrung des Schein.

Ist es nicht besser,
mit Lebenskraft,
man ständig
für die Sache schafft.
Kann es wirklich etwas geben,
das so viel wert ist
wie dein Leben?

Ungefährliche Schlange

Die Menschen vor mir stehen stumm,
sie schauen sich nicht einmal um,
den Blick nach vorn gerichtet stur,
man redet nicht, man schaut halt nur.
Dann geht es weiter, noch einen Schritt,
und alle, alle machen mit.
Ich blick zurück, man starrt mich an,
als hätt' was Schlimmes ich getan.
Ich seh viel Menschen, dicht an dicht,
schau einer Frau in ihr Gesicht,
so ernst der Ausdruck, starr und kühl,
versteckt ein jegliches Gefühl.
Dann streift sie kurz nur meinen Blick,
sie gibt ein Lächeln mir zurück,
ich lächle auch, es macht mich heiter,
galt nur nicht mir, nein es geht weiter,
wieder ein Schritt und nicht mehr lange,
bin ich der erste in der Schlange.

Ein welkes Blatt

An einem Zweig, da hängt ein Blatt,
schon etwas welk, man merkt, es hat
längst seine Zeit schon überdauert,
noch hängt es da, wie festgemauert.

Ein Windstoß und es schaukelt sehr,
bewegt sich heftig hin und her,
mal tanzt runter, dann wieder rauf,
noch hält es fest, es gibt nicht auf.

Die nächste Windbö, richtig kräftig,
jetzt schaukelt unser Blatt schon heftig.
Klar, dass es sich nun fallen lässt,
doch nein, es hält noch immer fest.

Am Tag, an dem es aufgegeben,
erfüllt sich dann des Blattes Leben.
Es wird des starken Windes Raub,
fällt auf den Haufen welkes Laub.

Die Erde kämpft

Feuerregen, Lichtgewitter,
Aschenregen, zähe Glut,
mit Dämpfen, die Verderben bringen,
der Erde aufgestaute Wut.

Taifungebraus, Tornadorüssel
und Wellen höher als ein Haus,
dann Sonne, die den Boden brennt
und trocknet alle Flüsse aus.

Die Gletscher ziehen sich zurück,
es taut sogar das ewige Eis.
Für Psychopathen dieser Welt
ist das noch immer kein Beweis.

Vor 50 Jahren, Rebellion,
es wurde heftig protestiert
und schoss auch übers Ziel hinaus,
doch schließlich hatte man kapiert.

Die Jugend kämpft für ihre Welt,
weil sie noch alles vor sich hat.
Sie kämpft wie 1968,
gegen die die träge, satt.

Die Erde kämpft auf ihre Art
für alle Wesen die hier leben,
nur muss auch jede Kreatur
bereit sein, ihren Teil zu geben.

Ausbeutung, Macht, Profit und Gier,
das heißt, mehr nehmen und nicht geben,
doch wenn die Erde richtig kämpft,
verlieren WIR zuerst das Leben.

Mut

Der Mensch erklärt mit vielen Worten,
was in der Welt ist schlecht und gut,
und dass das Glück ist nicht zu horten.
Ich sage nur: „Hab einfach Mut“.

Der Wald er stirbt den langen Tod,
Bäume geschwächt von Sonnenglut,
auch andere Pflanzen leiden Not.
Ich sage nur: „Hab einfach Mut“.

Das Meer voll Öl, wie weggewischt,
ist alles Leben, alle Brut,
grausam erstickt von schwarzer Gischt.
Ich sage nur: „Hab einfach Mut“.

Halt ein du Mensch mit Missetaten,
schütze die Erde und ihr Gut,
schütz Tiere, Meer und Pflanzensaaten,
und fasse täglich neuen Mut.

Wo finde ich ihn?

Könnt‘ ich dich fassen,
und dich erreichen,
Sehnsucht nach dir,
ohnegleichen.

Verlockend dein Antlitz,
dein Charme, deine Nähe,
mein innigster Wunsch,
dass ich dich sehe.

Hier meine Frage,
die, bis jetzt, ich vermieden:
„Wo kann ich dich finden,
dich, meinen inneren Frieden?“

Bedeutungslos

Ich such nach dem Sinn,
ich kann ihn nicht fassen,
hab keinen Erfolg,
doch kann ich´s nicht lassen.
Da muss doch was sein,
mein Hirn schlägt Alarm,
die Nerven sie prickeln,
wie ein Ameisenschwarm.
Wenn andere ich frage,
trifft es mich wie ein Stoß,
alle anderen sagen:
„Bedeutungslos!"

Provokation

Kann nicht erfreuen,
des anderen Geschick.
Kann nicht erkennen seinen Geist.
Kein Respekt
vor einer Leistung,
nicht wissen wollen, was das heißt.
Missgunst siegt,
Interesse heucheln,
hinter dem Rücken offener Hohn.
Gerüchte verbreiten,
Besserwisser,
alles zerstörende Provokation.

Gespräche

Starre Mienen,
maskengleich,
ernste Gespräche,
eisiger Blick.

Sprache, Worte,
hart und weich,
neue Distanz,
Schritt zurück.

Gestenreich,
wie Marionetten,
Dominanz,
nur Stärke siegt.

Ob sie die Antwort darauf hätten:
„Wo ihr Lächeln begraben liegt?"

Königsweg

Ein langer Weg liegt hinter mir,
ein langer Pfad mit vielen Fragen.
Ich ging den langen Weg mit dir,
hab dich gestützt, hab dich getragen.
Nun lassen meine Kräfte nach,
ich brauche Energie für mich,
oft liegen meine Nerven brach,
kann nicht mehr da sein, nur für dich.
Ich weiß ja selbst nicht, was ich will,
kein neuer Anfang bringt die Wende,
erst euphorisch, dann wieder still,
ich bringe nichts zu Ende.

Gibt es ihn, den Königsweg?
Alles gäbe ich, ihn zu finden!
Doch endet´s nicht als Sakrileg,
selbst wenn die Kräfte schwinden.
Die Suche dauert seine Zeit,
und doch, noch habe ich den Mut,
auch wenn die Strecke noch so weit,
so denke ich doch, mein Weg ist gut.

Augenzwinkern

(rechtes oder linkes Auge)

1200 Kalorien

Ach bitte sind wir doch mal ehrlich,
ist denn ein Bauch gar so gefährlich?
Gäb' es ihn nicht, gäb´s nichts zu meckern,
denn worauf sollte man jetzt kleckern?
Die Kinder würden ihn vermissen,
war er doch schönstes Ruhekissen,
und so gemütlich war er auch,
der Polsterkissen-Kleckerbauch.

Weil Vollwertkost und Sport man treibe,
rückt man dem Polsterfett zu Leibe.
Dasselbe schmilzt wie Eis und Schnee,
und tut dabei noch nicht mal weh.
Dann der Moment, ja der ist schön,
man kann die Füße wieder seh´n.
Und dann zum Abschluss das Famose,
ab heut´ bekleckert man die Hose.

Frau Schäfer

Sie hat kein Gesicht,
ich weiß nur, wie sie heißt,
sie ist schon was älter
und auch etwas dreist.

Der Nachname Schäfer,
der Vorname Ute.
So um die fünfzig,
wie ich vermute.

Dass ich sie besuche,
das macht schon die Runde,
ich bleib meist nicht lange,
nur so eine Stunde.

Beim Abschied da kraule ich
dann meist noch ihr Hündchen
und fahre dann heim,
nach dem Schäferstündchen.

Der Flug der Bananenschale

Gebogen, gelb und saftig süß,
eine Frucht vom Paradies.
Das Innere ist ein Genuss,
nur eines noch, das macht Verdruss,
und ein Gedanke jeden quält:
„Wohin mit dem was abgeschält?"
Wirft man die Schale einfach weg,
dann landet sie bestimmt im Dreck,
und irgend einer rutscht drauf aus,
und landet so im Krankenhaus.
Als Ablauf stellt sich richtig dar:
Erst flog die Schale, dann der Mensch, na klar.

Betrachtet es man doch genauer,
dann ist man nachher etwas schlauer.
Tritt man auf der Bananen Hülle,
und rutscht mit ganzer Körperfülle,
gar heftig auf sein Hinterteil,
wird Schale dieser Schwung zuteil.
Sie fliegt in hohem Bogen weg,
und landet anderswo im Dreck.
So merkt man jetzt mit einem Male:
„Erst flog der Mensch, und dann die Schale."

Der Kreis

Der Kreis, das tue ich hiermit kund,
der ist nicht eckig, der ist rund.
Ich bin es auch, der das beweist,
er eckt nicht an, nein, nein, er kreist.
So dass ihr alle ab jetzt wisst
dass er als Rad geeignet ist.
Man sagt sogar jetzt ganz gewollt,
er kreist nicht nur, sondern er rollt.
So lehrt die Technik uns das Tolle,
aus jedem Kreis wird leicht ‚ne Rolle.

Ist das eine Hitze

Gestatten ich, über zweihundert Pfund,
der Bauch gewölbt, fast kugelrund,
und dann noch diese krasse Hitze......
Kein Wunder also, dass ich schwitze.

Doch nicht nur schwitzen, wie ich merk´,
ich fühle mich wie ein Wasserwerk.
Die Flüssigkeit, sie geht verloren
und strömt bei mir aus allen Poren.

Mein Tank wird leer, Durst wird gestillt,
mit Wasser wieder aufgefüllt.
Auch das macht keinen rechten Sinn,
weil Durchlauferhitzer ich jetzt bin.

Ein feuchtes Tusch auf meiner Stirn
bringt Linderung dem armen Hirn,
und die Erkenntnis, Geistesblitz,
ich weiß jetzt warum ich so schwitz:

Da diese Hitze, ganz gewiss,
Tauwetter für Dicke ist.

Sprüche

nur

Sprüche

Es ist ein Irrtum dass zwei Halbwahrheiten die ganze Wahrheit ergeben.

Nicht alles was voll Wert ist, ist auch wertvoll.

Ginge es nach mir, würde ich die Erde rund machen!

Sich immer nur damit zu trösten, dass es anderen viel schlechter geht, verbaut den Blick und die Motivation auf das Bessere.

Manchmal spürt man das Alter.
Man kann sich einfach nicht mehr daran erinnern, was man vergessen hatte.

Kreativität braucht Freiheit,
Raum und absolute Harmonie.

Manchmal ist ein Gedanke so schnell,
dass man es nicht schafft ihn aufzuschreiben.

Kein Mensch kann sich total verändern.
Reflektieren und sich verbessern,
das kann jeder. (wenn er will)

Man kann sich tausend Worte sagen,
ohne dabei auch nur eine Wort zu sprechen.

Manche Dinge dauern lange.
Später dauern sie einfach noch länger.
Noch später werden sie einfach in der ganzen Zeit
nicht fertig.

Wenn schon die Weite des Meeres als unendlich
beschrieben wird,
wie will man dann noch die Weite des Himmels
beschreiben?

Die Erweiterung des eigenen Horizonts ist wie das
Öffnen eines Fensters an einem
kühlen Frühlingsmorgen.

Ein Gedanke ist so lange frei,
bis er zu Ende gedacht worden ist.

Man kann nicht erkennen wie es dir geht,
wenn du nur die kalte Schulter zeigst.

Ein Baum mag zwar in den Himmel wachsen,
er wird ihn jedoch nie erreichen.

Man kann nicht erkennen wie es dir geht,
wenn du nur die kalte Schulter zeigst.

Ein Baum mag zwar in den Himmel wachsen,
er wird ihn jedoch nie erreichen.

Ein wacher Geist ist das erste Erfolgsrezept für ein Leben im Alter.

Wer viel Kraft hat, der ist kräftig.
Wer viel Mut hat, der ist mutig.
Doch wer viel Lust hat ist nicht unbedingt lustig.

Vieles von dem was du siehst ist gar nicht so wichtig, aber eine Menge von dem das du nicht siehst ist bedeutend.

Spontanität ist nichts anderes als geplante Überraschungen.

Ein ernst gemeintes Lob ist mehr wert als eine mehrseitige schwafelnde Hommage.

Schnelligkeit wird total überbewertet. Eine Schnecke kann in rasendem Lauf über fünf Meter ca. 200-mal die Richtung ändern. Ein Leopard kann das nicht.

Wenn alle schönen Erinnerungen an die Vergangenheit entfernt sind, bleibt nur das nüchterne Jetzt und das Vergangene, das man eigentlich vergessen wollte.

Die Gleichgültigkeit mit der manche ihren engsten Mitmenschen begegnen ist so groß, dass sie weder sehen noch fühlen können.

Sie haben ein Messer und stechen heftig auf dich ein, sind aber total verwundert ,und können gar nicht begreifen, dass sie dich verletzt haben könnten.

Es ist schwer einen Menschen einzuschätzen, den man nur einmal gesehen und gesprochen hat, und unmöglich, wenn nur über ihn erzählt wurde.

Manchmal trifft man Menschen, die mit ihrem schweren Schicksal nicht so sehr hadern, wie manche mit ihrem unvollkommenen Reichtum.

Alleine schon die Angst, zu einem bestehenden Problem keine Lösung zu finden, vernebelt den Blick.

Manchmal ist es so: Je mehr man einem Menschen entgegen kommt, umso weiter entfernt man sich von ihm.

Dinge, von denen man sich getrennt hatte, weil man sie ja nicht mehr brauchte, fehlen auf einmal sehr.

Oft ist Vordenken besser als Nachdenken.

Auch wenn das Herz keine Augen hat, so gibt es doch Menschen, die mit dem Herzen sehen.

Die Macht der Gewohnheit wird oft mit Vertrautheit verwechselt.

Mancher Druck, der auf dir lastet, ist nur noch halb so groß, wenn du mit jemand darüber reden kannst.

Selbst unendlich lange Wege erscheinen dir kurz, wenn du sie mit netten Menschen gehst.

Die Wege zur Erkenntnis:

1. Durch überlegen, das ist seriös.
2. Durch Imitieren, das ist simpel.
3. Durch Erfahrungen, das ist dornenreich.

Ein Fehler, den du jetzt machst, wird dir in der Zukunft wieder begegnen.

Wenn dir eine Meinung nicht passt, dann suche dir eine Nummer, die kleiner oder größer ist.

Der schönste Sonnenschein kann dich nicht erfreuen, wenn er dir nicht bis ins Herz scheint.

Manche Gespräche sind so nichtssagend, dass man sie schon als Ruhestörung bezeichnen könnte.

Wer intensiv mit sich selbst beschäftigt ist, dem ist das Schicksal anderer meistens egal.

Unerfüllte Erwartungen können richtig schmerzhaft sein.

Wenn du meinst du hast alles richtig gemacht, so ist das bereits der größte Fehler.

Suche dir einen Punkt an dem du dich wohl fühlst und erkläre ihn zu deinem Standpunkt.

Jede Nachlässigkeit, und sei sie noch so klein, hat später fatale Auswirkungen.

Beachte stets, dass deine Stärken nicht die Schwächen deines Kindes werden.

Ein negatives Wort in einer negativen Situation kann nur mathematisch positiv werden.

Unehrlich ist auch, dem wahren Freund Dinge zu verschweigen.

Oft sind Zufälle von langer Hand vorbereitet worden.

Fasst nichts im Leben wird genauso passieren, wie du es dir in deinen Gedanken ausgemalt hast.

Wer nur nach dem dicken großen Goldklumpen Ausschau hält, übersieht meist die vielen kleinen funkelnden Diamanten.

Ich würde gern die Hoffnung sein! Denn die stirbt bekanntlich zuletzt.

Meine Probleme sind so lächerlich klein in Bezug auf die Welt und so riesengroß bezüglich meiner Fähigkeiten, sie zu lösen.

Nimm es einem Freund nicht übel, wenn er von anderen das bekommt, was er von dir nicht bekommen kann.

Es hilft nicht die dickste Jacke, wenn deine Seele friert.

Manchmal sind Fragen dümmer als die Antworten, die man drauf zu geben bereit ist.

Lass den Kopf nicht hängen! Du bist keine Blume, und noch lange nicht vertrocknet oder verblüht.

Deine Schwächen sind die Stärken des Anderen.

Die einzige Wahrheit bei Sitzungen ist, dass man dabei sitzt.

Wenn meine Gedanken um die Arbeit kreisen, ist das dann schon ein Arbeitskreis?

Manche Nachrichten sind es nicht wert, gelesen zu werden....andere würde man gern lesen, doch sie wurden nicht geschrieben.

Wenn dir jemand die kalte Schulter zeigt, ist das meist keine Bitte, diese zu wärmen.

Bekenne dich zu deinen Fehlern, so nehmen es dir deine Freunde nicht so übel, wenn sie dir noch einmal passieren.

Viele Menschen bilden mit ihrer Einfalt keine Vielfalt, sondern nur eine einfältige Menge.

Die Verbreitungsgeschwindigkeit von Nachrichten ist meist umgekehrt proportional zu ihrem Wahrheitsgehalt.

Das die Erde keine Scheibe sei, wird von einigen immer noch als Verschwörungstheorie bezeichnet.

Es gibt Menschen die fordern von anderen ein, was sie selbst zu geben nicht bereit sind.

Manche überwundenen Schwierigkeiten haben dich nicht weiser, sondern nur erschöpfter gemacht.

Willst du dir etwas Gutes tun, dann nimm einen großen Raum mit Ruhe gefüllt und stell dich genau in die Mitte.

Du kannst es drehen wie du willst, die
„dunkle Seite der Macht" ist immer vorne.

Die Ignoranz deiner Mitmenschen ist durch nichts
zu überbieten,
außer durch die Ignoranz deiner Mitmenschen.

Inhaltsverzeichnis

Mein Ruhrgebiet	7
Unbeugsam	8
Melodie der Stille	9
Buch deines Lebens	10
Traumdeutung	11
Gnome der Nacht	12
Du hast die Wahl	13
Lohnenswert	14
Lichtstrahl	15
Hände	16
Der Nimmersatt	20
Es gibt Tage	22
Krankheiten	23
Lebensneigung	25
Gefangenes Herz	26
Vertrauen	27
Weiße Haare	28
Was andere denken	29
Blick zurück	30
Rausch der Großstadt	31
Berlin am Morgen	32
Nur ein Kartenspiel	33
Eichsfeld	35
Mühlhäuser Schwanenteich	37
Alte Linde	38

Ein Lächeln 40
Am Abend 41
Lichtblicke 1 42
Weltblick 43
Erste Landung TFS 44
Kanarische Nacht 46
Nachts am Strand von Medano 47
Friedenspflanze 48
Die Macht der Worte 49
Reden ist Silber 50
Mosaik 51
Fragen an dich 52
Der Weg zu mir 53
Neuanfang 54
Theaterstück 56
Roter Mohn 58
Tiefer Fall 59
Ziellos 60
Deine Ungewissheit 61
Nachtgeräusche 62
Sorabäus 63
Der Tetzel 63
Keine Zeit 64
Nachtgewitter 65
Was du wohl denkst 66

Flug des Lebens	67
Wo ist die Kiste Glück vergraben	68
So wie du	69
Nicht zu verstehen	70
Halt geben	72
Ein Freund	73
Ein Stück des Weges	74
Gedankenflieger	75
Blickwinkel	75
Morgendunst	76
Sonne der Nacht	77
Strandpromenade	78
Atem des Meeres	80
Sonnenuntergang am Meer	80
Gut und böse	81
Nach Hause	82
Kraft der Musik	83
Burg Hanstein	84
Teufelskanzel	85
Im Ausland	86
Eine offene Tür	87
Ein hoher Preis?	88
Was muss geschehen?	89
Nach der Veranstaltung	90
Wechseljahre	91

Klasse statt Masse	92
Sternenfänger	93
Herbst	94
Natur brutal	95
Sturmwarnung	96
Zauber des Frühlings	97
Frühlingserwachen	97
Lobhudeleien	98
Wer ?	100
Der Spatz in der Hand	101
Wichtige Frage	102
Heucheleien	103
Zeitungsmeldungen	104
Menschen an deiner Seite	105
Du bist der Mensch	106
Zu früh	107
Tränenzeit	108
Überleben	109
Ein klarer Gedanke	110
Advent	111
Kerzenlicht	112
Kinderaugen	113
Winterzeit	114
Abschied vom Winter	115
Kanarische Weihnacht	116

Die Nacht von El Desierto	117
Die Lichter von Medano	118
Zeit der Besinnung	119
Dein Anruf	120
Ein Freund ist gestorben	121
Ein Weg	122
Telefonstimme	123
Trennung	124
Trennungsende	125
Tauberwiese	126
Thüringer Wald	127
Taubertal	128
Bewölkt	129
Hier im Park	130
Haferweizen	131
Kiesweg im Park	132
Stadtbummel	133
Das kleine Haus am Eichenweg	134
Der kleine Marktplatz	135
Dorf in den Bergen	136
Ein Beispiel	137
Ein schwarzes Tuch	138
Helfer	139
Horizont	140
Kaminabend 1	141

Picknick im Wald	142
Morgenappell	143
Lindenallee	144
Kaminabend 2	145
Rückgabe	146
Religionsfreiheit	147
Schatten der Verzweiflung	148
Umdrehen	149
Rückblick 2001	150
Wie lang ist die Zeit	152
Zufälle	153
Wunder	154
Wie eine Glaskugel	155
Wartezeit	156
Buch lesen	157
Warum ich schreibe	158
Eine Schaufel Sand	160
Wetterzyklus	161
Karnevalistische Kopfbedeckungen	162
Kleine Bälle	163
Adler	164
Der rote Fleck	165
Zeitmaschine	166
Sonne und Atlantikwind	167
Traumsuche	168

Gedankenflug 169
Ich glaube 170
Exotischer Fund 171
Für die Sache gestorben 172
Ungefährliche Schlange 173
Ein welkes Blatt 174
Die Erde kämpft 175
Mut 176
Wo finde ich ihn 177
Bedeutungslos 178
Provokation 179
Gespräche 180
Königsweg 181

Augenzwinkern

1200 Kalorien 183
Frau Schäfer 184
Der Flug der Bananenschale 185
Der Kreis 186
Ist das eine Hitze 187

Sprüche, nur Sprüche

Sprüche 189